漢城百濟博物館
所藏品目錄 XIII

2016_2020년 기증유물
寄贈遺物

2016_2020
Donated Collections

한성백제박물관
SEOUL BAEKJE MUSEUM

기획 조영훈, 박준형

편집·교정 박준형, 손경아, 이주영, 방소연

사진촬영 서상수, 정지훈, 김광섭

책디자인 디자인이끼

행정지원 임석진, 권석진, 최에스더, 신아영

일러두기

1. 이 책은 한성백제박물관이 2016년부터 2020년까지 11인의 기증자로부터 기증받은 토기, 도자기, 고분벽화 모사도 등의 유물, 320건 428점을 대상으로 제작하였다.
2. 유물의 배열 순서는 기증 수량을 고려하여, 재질, 기형, 용도, 유물번호 순으로 하였다.
3. 본문에 수록된 유물명칭은 한글을 사용했으나, 이로 인해 혼란이 가중될 경우에 한하여 학계에 통용되는 한자 명칭을 사용하였다.
4. 유물 상세 정보는 연번 / 유물번호 / 유물명칭(한글, 한자, 영어) / 시대 / 크기 순으로 표기하였다.
5. 유물 크기의 단위는 cm이며, 높이(길이), 입지름, 바닥지름, 최대지름 순으로 표기하였다.

목차
Contents

I

2016_2020년 기증유물

이 재 열

기증일자

2020년 5월 8일

기증유물

뚜껑있는 굽다리 항아리 등
155점

001
H2435d

뚜껑 있는 굽다리 항아리
有蓋臺附壺
Mounted Jar with Lid

가야
전체높이 30.0
항아리: 높이 25.0, 입지름 10.3, 바닥지름 14.4, 최대지름 21.8
뚜껑: 높이 6.4 , 지름 12.3

002
H2449d

뚜껑 있는 굽다리 항아리
有蓋臺附壺
Mounted Jar with Lid

신라
전체높이 21.4,
항아리: 높이 16.5, 입지름 8.9, 바닥지름 11.1, 최대지름 16.5
뚜껑: 높이 4.6, 지름 9.9

003
H2453d

뚜껑 있는 굽다리 항아리

有蓋臺附壺
Mounted Jar with Lid

신라
전체높이 15.1
항아리: 높이 12.8, 입지름 7.5, 바닥지름 11.2, 최대지름 15.4
뚜껑: 높이 3.2, 지름 8.7

004
H2460d

뚜껑 있는 굽다리 항아리

有蓋臺附壺
Mounted Jar with Lid

신라
전체높이 13.8
항아리: 높이 10.9, 입지름 8.7, 바닥지름 10.0, 최대지름 12.9
뚜껑: 높이 2.9, 지름 9.1

005
H2413d

굽다리 긴 목 항아리
臺附長頸壺
Mounted Jar with Long Neck

신라
높이 19.7, 입지름 13.4, 바닥지름 12.6, 최대지름 14.0

006
H2513d

굽다리 긴 목 항아리
臺附長頸壺
Mounted Jar with Long Neck

신라
높이 14.4, 입지름 11.8, 바닥지름 10.0, 최대지름 17.2

007
H2518d

굽다리 짧은 목 항아리
臺附短頸壺
Mounted Jar with Short Neck

가야
높이 20.5, 입지름 14.6, 바닥지름 18.0, 최대지름 18.9

008
H2425d

긴 목 항아리
長頸壺
Long-necked Jar

백제
높이 18.0, 입지름 12.2, 최대지름 18.3

009
H2431d

긴 목 항아리
長頸壺
Long-necked Jar

가야
높이 18.0, 입지름 12.6, 바닥지름 4.6, 최대지름 16.9

010
H2432d

긴 목 항아리
長頸壺
Long-necked Jar

삼국
높이 20.1, 입지름 16.3, 바닥지름 8.1, 최대지름 19.4

011
H2438d

긴 목 항아리
長頸壺
Long-necked Jar

신라
높이 23.3, 입지름 16.3, 바닥지름 11.5, 최대지름 23.0

012
H2465d

긴 목 항아리
長頸壺
Long-necked Jar

가야
높이 18.0, 입지름 9.6, 최대지름 14.2

013
H2498d

긴 목 항아리

長頸壺

Long-necked Jar

신라

높이 30.8, 입지름 14.2, 바닥지름 10.1, 최대지름 27.3

014
H2499d

긴 목 항아리

長頸壺

Long-necked Jar

신라

높이 28.4, 입지름 17.9, 바닥지름 12.2, 최대지름 22.9

015
H2504d

긴 목 항아리

長頸壺

Long-necked Jar

백제

높이 25.2, 입지름 12.8, 바닥지름 7.5, 최대지름 21.3

016
H2506d

긴 목 항아리

長頸壺

Long-necked Jar

신라

높이 23.9, 입지름 14.9, 바닥지름 10.1, 최대지름 22.8

017
H2507d

긴 목 항아리

長頸壺

Long-necked Jar

백제
높이 23.4, 입지름 16.2, 최대지름 21.1

018
H2509d

긴 목 항아리

長頸壺

Long-necked Jar

가야
높이 31.2, 입지름 17.3, 바닥지름 8.2, 최대지름 19.4

019
H2517d

긴 목 항아리

長頸壺

Long-necked Jar

신라
높이 17.2, 입지름 13.6, 최대지름 17.0

020
H2525d

두 귀 달린 긴 목 항아리

兩耳附長頸壺

Long-necked Jar with Two Ears

신라
높이 28.6, 입지름 18.1, 너비 28.5, 바닥지름 10.5

021
H2415d

짧은 목 항아리

短頸壺

Short-necked Jar

백제

높이 12.3, 입지름 11.3, 바닥지름 7.7, 최대지름 16.0

022
H2416d

짧은 목 항아리

短頸壺

Short-necked Jar

신라

높이 15.0, 입지름 10.7, 바닥지름 7.0, 최대지름 16.4

023
H2417d

짧은 목 항아리
短頸壺
Short-necked Jar

신라
높이 13.4, 입지름 9.7, 최대지름 15.4

024
H2418d

짧은 목 항아리
短頸壺
Short-necked Jar

백제
높이 11.2, 입지름 12.1, 바닥지름 7.4, 최대지름 13.0

025
H2419d

짧은 목 항아리
短頸壺
Short-necked Jar

백제
높이 11.8, 입지름 12.5, 바닥지름 6.5, 최대지름 14.5

026
H2423d

짧은 목 항아리
短頸壺
Short-necked Jar

백제
높이 8.3, 입지름 10.3, 바닥지름 7.5, 최대지름 12.5

027
H2424d

짧은 목 항아리
短頸壺
Short-necked Jar

백제
높이 14.1, 입지름 10.6, 바닥지름 7.0, 최대지름 16.9

028
H2426d

짧은 목 항아리
短頸壺
Short-necked Jar

백제
높이 14.6, 입지름 10.8, 바닥지름 7.2, 최대지름 15.3

029
H2427d

짧은 목 항아리

短頸壺
Short-necked Jar

백제
높이 16.6, 입지름 10.3, 최대지름 16.5

030
H2428d

짧은 목 항아리

短頸壺
Short-necked Jar

가야
높이 15.0, 입지름 11.9, 최대지름 18.1

031
H2429d

짧은 목 항아리
短頸壺
Short-necked Jar

백제
높이 13.6, 입지름 11.8, 바닥지름 7.5, 최대지름 16.2

032
H2433d

짧은 목 항아리
短頸壺
Short-necked Jar

신라
높이 14.3, 입지름 11.6, 바닥지름 6.9, 최대지름 16.4

033
H2437d

짧은 목 항아리
短頸壺
Short-necked Jar

가야
높이 14.7, 입지름 10.9, 바닥지름 14.9, 최대지름 18.1

034
H2468d

짧은 목 항아리
短頸壺
Short-necked Jar

삼국
높이 22.1, 입지름 14.9, 바닥지름 12.1, 최대지름 23.8

035
H2470d

짧은 목 항아리
短頸壺
Short-necked Jar

원삼국–백제
높이 33.7, 입지름 17.0, 바닥지름 10.0, 최대지름 35.0

036
H2471d

짧은 목 항아리
短頸壺
Short-necked Jar

원삼국–백제
높이 29.6, 입지름 18.8, 최대지름 35.2

037
H2472d

짧은 목 항아리

短頸壺

Short-necked Jar

백제
높이 28.9, 입지름 18.3, 바닥지름 11.7, 최대지름 30.7

038
H2473d

짧은 목 항아리

短頸壺

Short-necked Jar

원삼국-백제
높이 26.0, 입지름 19.7, 최대지름 29.0

039
H2478d

짧은 목 항아리
短頸壺
Short-necked Jar

백제
높이 27.9, 입지름 18.1, 최대지름 27.5

040
H2479d

짧은 목 항아리
短頸壺
Short-necked Jar

백제
높이 29.6, 입지름 18.3, 바닥지름 8.0, 최대지름 27.2

041
H2480d

짧은 목 항아리

短頸壺

Short-necked Jar

백제
높이 28.2, 입지름 16.8, 최대지름 26.9

042
H2481d

짧은 목 항아리

短頸壺

Short-necked Jar

백제
높이 25.3, 입지름 18.5, 바닥지름 7.8, 최대지름 27.4

043
H2483d

짧은 목 항아리
短頸壺
Short-necked Jar

백제
높이 25.3, 입지름 17.3, 최대지름 26.0

044
H2484d

짧은 목 항아리
短頸壺
Short-necked Jar

삼국
높이 23.3, 입지름 16.9, 최대지름 27.8

045
H2485d

짧은 목 항아리
短頸壺
Short-necked Jar

백제
높이 26.3, 입지름 13.5, 바닥지름 8.6, 최대지름 19.9

046
H2493d

짧은 목 항아리
短頸壺
Short-necked Jar

백제
높이 27.2, 입지름 16.9, 바닥지름 12.3, 최대지름 25.2

047
H2496d

짧은 목 항아리

短頸壺

Short-necked Jar

백제
높이 35.3, 입지름 17.7, 바닥지름 9.4, 최대지름 29.3

048
H2497d

짧은 목 항아리

短頸壺

Short-necked Jar

백제
높이 29.8, 입지름 20.2, 바닥지름 10.3, 최대지름 26.2

049
H2505d

짧은 목 항아리

短頸壺

Short-necked Jar

백제

높이 22.4, 입지름 13.4, 바닥지름 7.2, 최대지름 20.5

050
H2516d

짧은 목 항아리

短頸壺

Short-necked Jar

신라

높이 14.4, 입지름 12.2, 바닥지름 8.0, 최대지름 17.1

051
H2520d

짧은 목 항아리
短頸壺
Short-necked Jar

백제
높이 16.8, 입지름 15.0, 바닥지름 9.5, 최대지름 23.0

052
H2482d

곧은 입 항아리
直口壺
Straight-mouthed Jar

백제
높이 23.6, 입지름 11.7, 바닥지름 9.7, 최대지름 22.9

053
H2469d

긴 몸 항아리
長胴壺
Long Bodied Jar

백제
높이 35.4, 입지름 14.5, 바닥지름 8.3, 최대지름 24.7

054
H2494d

긴 몸 항아리
長胴壺
Long-Bodied Jar

백제
높이 40.3, 입지름 18.0, 최대지름 29.6

055
H2495d

긴 몸 항아리

長胴壺

Long-Bodied Jar

백제

높이 43.2, 입지름 17.4, 바닥지름 7.8, 최대지름 26.6

056
H2502d

두 귀 달린 항아리

兩耳附壺

Jar with Two Ears

백제

높이 22.1, 입지름 12.3, 바닥지름 4.5, 최대지름 26.5

057
H2503d

두 귀 달린 항아리

兩耳附壺
Jar with Two Ears

백제
높이 26.3, 입지름 9.1, 바닥지름 7.5, 최대지름 30.4

058
H2439d

뚜껑 있는 손잡이 달린 항아리

有蓋把手附壺
Jar with Handle and Lid

가야
전체높이 17.8
항아리: 높이 14.8, 입지름 10.3, 너비 19.2, 바닥지름 9.0
뚜껑: 높이 4.3, 지름 13.4

059
H2512d

뚜껑 있는 손잡이 달린 항아리
有蓋把手附壺
Jar with Handle and Lid

가야
전체높이 19.0
항아리: 높이 14.4, 입지름 11.8, 너비 17.2, 바닥지름 10.0
뚜껑: 높이 4.7, 지름 14.4

060
H2510d

손잡이 달린 항아리
把手附壺
Jar with Handle

가야
높이 14.4, 입지름 11.8, 너비 17.2, 바닥지름 10.0

061
H2434d

손잡이 달린 항아리
把手附壺
Jar with Two Handles

신라
높이 23.0, 입지름 28.1, 너비 34.8, 바닥지름 15.6

062
H2420d

뚜껑 있는 굽다리 접시
有蓋高杯
Mounted Dish with Lid

백제
전체높이 10.6
접시: 높이 7.7, 입지름 11.2, 바닥지름 8.9
뚜껑: 높이 3.8, 지름 13.1

063
H2421d

뚜껑 있는 굽다리 접시
有蓋高杯
Mounted Dish with Lid

신라
전체높이 9.2
접시: 높이 5.0, 입지름 10.3, 바닥지름 6.3
뚜껑: 높이 4.5, 지름 11.9

064
H2422d

뚜껑 있는 굽다리 접시
有蓋高杯
Mounted Dish with Lid

백제
전체높이 8.7
접시: 높이 4.6, 입지름 9.9, 바닥지름 8.0
뚜껑: 높이 4.9, 지름 10.9

065
H2450d

뚜껑 있는 굽다리 접시
有蓋高杯
Mounted Dish with Lid

가야
전체높이 20.1
접시: 높이 14.1, 입지름 11.1, 바닥지름 14.0, 최대지름 17.0
뚜껑: 높이 6.4, 지름 14.1

066
H2474d

뚜껑 있는 굽다리 접시
有蓋高杯
Mounted Dish with Lid

신라
전체높이 21.7
접시: 높이 16.1, 입지름 14.3, 바닥지름 12.3, 최대지름 16.4
뚜껑: 높이 6.2, 지름 16.7

067
H2515d

뚜껑 있는 굽다리 접시

有蓋高杯

Mounted Dish with Lid

가야
전체높이 18.6
접시: 높이 14.1, 입지름 12.9, 바닥지름 12.1, 최대지름 16.0
뚜껑: 높이 5.8, 지름 14.6

068
H2477d

굽다리 접시·뚜껑

高杯·蓋

Mounted Dish and Lid

접시: 신라
뚜껑: 가야
접시: 높이 14.3, 입지름 13.9, 바닥지름 10.7, 최대지름 15.8
뚜껑: 높이 8.8, 지름 15.8

069
H2451d

굽다리 접시
高杯
Mounted Dish

신라
높이 10.0, 입지름 10.7, 바닥지름 7.3, 최대지름 11.2

070
H2461d

굽다리 접시
高杯
Mounted Dish

가야
높이 11.2, 입지름 12.9, 바닥지름 9.7

071
H2475d

굽다리 접시
高杯
Mounted Dish

가야
높이 17.5, 입지름 12.5, 바닥지름 16.0, 최대지름 17.2

072
H2521d

굽다리 접시
高杯
Mounted Dish

신라
높이 5.1, 입지름 10.7, 바닥지름 7.6, 최대지름 12.1

073
H2526d

굽다리 접시
高杯
Mounted Dish

가야
높이 13.4, 입지름 14.1, 바닥지름 12.5, 최대지름 16.0

074
H2446d

접시
杯
Dish

백제
높이 4.0, 입지름 11.8, 바닥지름 5.6, 최대지름 13.0

075
H2447d

접시

杯

Dish

신라
높이 2.6, 입지름 10.6, 바닥지름 7.0

076
H2448d

접시

杯

Dish

신라
높이 3.4, 입지름 8.1, 최대지름 9.6

이
재
열

077
H2487d

접시

杯
Dish

백제
높이 3.3, 입지름 9.5, 바닥지름 4.0, 최대지름 11.3

078
H2488d

접시

杯
Dish

백제
높이 2.3, 입지름 9.4, 바닥지름 4.0, 최대지름 10.1

079
H2489d

접시
杯
Dish

신라
높이 3.8, 입지름 10.5, 바닥지름 5.2

080
H2523d

접시
杯
Dish

가야
높이 2.6, 입지름 12.3, 바닥지름 6.3, 최대지름 13.6

081
H2440d

뚜껑
蓋
Lid

가야
높이 6.0, 지름 16.2

082
H2441d

뚜껑
蓋
Lid

가야
높이 7.0, 지름 12.7

083
H2442d

뚜껑
蓋
Lid

신라
높이 6.2, 지름 11.9

084
H2443d

뚜껑
蓋
Lid

신라
높이 7.1, 지름 12.0

085
H2444d

뚜껑
蓋
Lid

신라
높이 5.8, 지름 12.8

086
H2445d

뚜껑
蓋
Lid

신라
높이 7.2, 지름 13.6

087
H2452d

뚜껑
蓋
Lid

신라
높이 5.3, 지름 13.5

088
H2455d

뚜껑
蓋
Lid

신라
높이 6.5, 지름 12.5

089
H2456d

뚜껑

蓋

Lid

가야
높이 5.2, 지름 11.1

090
H2457d

뚜껑

蓋

Lid

가야
높이 5.3, 지름 11.3

091
H2458d

뚜껑
蓋
Lid

가야
높이 4.7, 지름 15.5

092
H2459d

뚜껑
蓋
Lid

가야
높이 4.8, 지름 12.4

093
H2462d

뚜껑
蓋
Lid

신라
높이 10.9, 지름 15.8

094
H2463d

뚜껑
蓋
Lid

신라
높이 7.8, 지름 14.2

095
H2464d

뚜껑
蓋
Lid

신라
높이 5.8, 지름 12.3

096
H2476d

뚜껑
蓋
Lid

가야
높이 6.8, 지름 15.0

097
H2490d

뚜껑

蓋

Lid

가야
높이 7.2, 지름 13.5

098
H2491d

뚜껑

蓋

Lid

가야
높이 3.6, 지름 15.6

099
H2492d

뚜껑
蓋
Lid

신라
높이 6.3, 지름 13.5

100
H2511d

뚜껑
蓋
Lid

가야
높이 4.8, 지름 14.0

이재열

101
H2514d

뚜껑
蓋
Lid

신라
높이 5.5, 지름 12.5

102
H2527d

뚜껑
蓋
Lid

가야
높이 4.6, 지름 16.2

103
H2530d

뚜껑
蓋
Lid

신라
높이 5.8, 지름 13.3

104
H2436d

그릇받침
器臺
Stand

가야
높이 10.2, 입지름 16.4, 바닥지름 16.8

105
H2500d

그릇받침

器臺

Stand

가야
높이 22.3, 입지름 25.6, 바닥지름 18.4

106
H2501d

그릇받침

器臺

Stand

가야
높이 20.8, 입지름 21.0, 바닥지름 18.0

107
H2508d

그릇받침
器臺
Stand

가야
높이 10.8, 입지름 17.8, 바닥지름 18.5

108
H2519d

그릇받침
器臺
Stand

백제
높이 36.4, 입지름 20.0, 바닥지름 27.3

109
H2524d

그릇받침

器臺
Stand

가야
높이 37.8, 입지름 39.6, 바닥지름 30.5

110
H2529d

병

甁
Bottle

백제
높이 18.8, 입지름 8.0, 바닥지름 9.5, 최대지름 16.3

111
H2486d

굽다리 사발
臺附盌
Mounted Bowl

신라
높이 12.4, 입지름 18.0, 바닥지름 10.2

112
H2522d

사발
盌
Bowl

삼국
높이 5.7, 입지름 13.4, 바닥지름 5.4

113
H2454d

합
盒
Bowl with Lid

통일신라
전체높이 11.6
합: 높이 6.7, 입지름 13.4, 바닥지름 7.4
뚜껑: 높이 5.5, 지름 14.4

114
H2531d

박자
拍子
Anvil

원삼국
높이 6.3, 지름 8.0

115
H2414d

도기 항아리
陶器壺
Earthenware Jar

고려
높이 18.4, 입지름 10.7, 바닥지름 10.8, 최대지름 18.6

116
H2430d

도기 항아리
陶器壺
Earthenware Jar

고려
높이 15.1, 입지름 10.3, 바닥지름 10.0, 최대지름 16.5

117
H2466d

도기 항아리
陶器壺
Earthenware Jar

조선
높이 12.9, 입지름 11.3, 바닥지름 11.4, 최대지름 17.1

118
H2535d

도기 항아리
陶器壺
Earthenware Jar

고려
높이 21.6, 입지름 10.7, 바닥지름 14.1, 최대지름 15.4

119
H2539d

도기 항아리
陶器壺
Earthenware Jar

고려-조선
높이 18.0, 입지름 14.3, 바닥지름 14.6, 최대지름 22.0

120
H2551d

도기 두 귀 달린 항아리
陶器兩耳附壺
Earthenware Jar with Two Ears

조선
높이 11.3, 입지름 12.9, 바닥지름 12.0, 최대지름 24.0

121
H2538d

도기 손잡이 달린 항아리

陶器把手附壺

Earthenware Jar with Two Handles

조선

높이 18.7, 입지름 11.9, 너비 29.5, 바닥지름 18.5

122
H2532d

도기 편호

陶器扁壺

Earthenware Flat Jar

고려

높이 33.5, 입지름 14.3, 바닥지름 17.5, 최대지름 27.9

123
H2467d

도기 병
陶器甁
Earthenware Bottle

고려
높이 25.4, 입지름 8.0, 바닥지름 9.7, 최대지름 13.5

124
H2528d

도기 병
陶器甁
Earthenware Bottle

조선
높이 18.4, 입지름 6.4, 바닥지름 14.7, 최대지름 20.7

이
재
열

125
H2534d

도기병
陶器甁
Earthenware Bottle

고려
높이 30.6, 입지름 6.9, 바닥지름 11.2, 최대지름 14.3

126
H2536d

도기병
陶器甁
Earthenware Bottle

고려
높이 28.2, 입지름 6.9, 바닥지름 10.6, 최대지름 17.7

127
H2541d

도기 병

陶器甁

Earthenware Bottle

조선
높이 18.5, 입지름 4.9, 바닥지름 15.0, 최대지름 19.5

128
H2545d

도기 병

陶器甁

Earthenware Bottle

조선
높이 23.6, 입지름 6.5, 바닥지름 12.7, 최대지름 15.3

129
H2546d

도기병
陶器甁
Earthenware Bottle

조선
높이 16.3, 입지름 7.2, 바닥지름 13.3, 최대지름 16.9

130
H2547d

도기병
陶器甁
Earthenware Bottle

조선
높이 14.7, 입지름 6.3, 바닥지름 10.4, 최대지름 12.9

131
H2548d

도기 병
陶器甁
Earthenware Bottle

고려
높이 23.5, 입지름 7.9, 바닥지름 12.0, 최대지름 14.6

132
H2549d

도기 병
陶器甁
Earthenware Bottle

조선
높이 19.2, 입지름 6.5, 바닥지름 14.3, 최대지름 18.3

133
H2550d

도기 병
陶器甁
Earthenware Bottle

조선
높이 18.9, 입지름 5.6, 바닥지름 12.8, 최대지름 16.4

134
H2540d

도기 손잡이 달린 병
陶器把手附甁
Earthenware Bottle with Handle

고려
높이 18.1, 입지름 5.4, 너비 18.2, 바닥지름 8.9

135
H2533d

도기 편병
陶器扁瓶
Earthenware Flat Bottle

고려
높이 31.9, 입지름 9.3, 바닥지름 11.9, 최대지름 19.3

136
H2553d

도기 편병
陶器扁瓶
Earthenware Flat Bottle

고려
높이 27.7, 입지름 7.1, 바닥지름 10.0, 최대지름 14.9

이
재
열

137
H2542d

도기 장군

陶器橫缶

Earthenware Barrel-shaped Vessel

조선

높이 21.1, 입지름 6.2, 바닥지름 10.6, 최대지름 14.3

138
H2543d

도기 장군

陶器橫缶

Earthenware Barrel-shaped Vessel

조선

높이 18.6, 입지름 5.4, 바닥지름 13.7, 최대지름 14.5

139
H2552d

도기 발
陶器鉢
Earthenware Bowl

고려
높이 9.7, 입지름 17.9, 바닥지름 12.8, 최대지름 20.3

140
H2544d

갈유 세 귀 달린 항아리
褐釉三耳附壺
Black-glazed Jar with Three Ears

원
높이 21.1, 입지름 7.7, 바닥지름 8.5, 최대지름 16.2

141
H2537d

갈유 주전자

褐釉注子

Black-glazed Ewer

송

높이 22.3, 입지름 3.6, 너비 13.2, 바닥지름 9.1

진경요
(陳憬耀)

기증일자

2018년 2월 21일

기증유물

흑자 토끼털무늬 대접 등
153점

142
H2278d

흑자 토끼털무늬 대접
黑瓷兎毫紋碗
Black-glazed Bowl with Rabbit Hair Streak Design

송
높이 6.8, 입지름 12.2, 바닥지름 4.0

143
H2279d

흑자 토끼털무늬 대접
黑瓷兎毫紋碗
Black-glazed Bowl with Rabbit Hair Streak Design

송
높이 7.1, 입지름 12.0, 바닥지름 4.0

144
H2280d

흑자 토끼털무늬 대접
黑瓷兎毫紋碗
Black-glazed Bowl with Rabbit Hair Streak Design

송
높이 5.4, 입지름 11.7, 바닥지름 3.9

145
H2281d

흑자 토끼털무늬 대접
黑瓷兎毫紋碗
Black-glazed Bowl with Rabbit Hair Streak Design

송
높이 5.4, 입지름 12.7, 바닥지름 3.9

146
H2283d

흑자 토끼털무늬 대접
黑瓷兎毫紋碗
Black-glazed Bowl with Rabbit Hair Streak Design

남송
높이 5.8, 입지름 13.0, 바닥지름 4.3

147
H2284d

흑자 토끼털무늬 대접
黑瓷兎毫紋碗
Black-glazed Bowl with Rabbit Hair Streak Design

남송
높이 5.8, 입지름 12.8, 바닥지름 3.8

148
H2285d

흑자 토끼털무늬 대접
黑瓷兎毫紋碗
Black-glazed Bowl with Rabbit Hair Streak Design

남송
높이 5.7, 입지름 10.7, 바닥지름 3.7

149
H2286d

흑자 토끼털무늬 대접
黑瓷兎毫紋碗
Black-glazed Bowl with Rabbit Hair Streak Design

남송
높이 5.8, 입지름 11.6, 바닥지름 3.7

150
H2288d

흑자 토끼털무늬 대접

黑瓷兎毫紋碗

Black-glazed Bowl with Rabbit Hair Streak Design

송

높이 5.1, 입지름 11.0, 바닥지름 3.1

151
H2289d

흑자 토끼털무늬 대접

黑瓷兎毫紋碗

Black-glazed Bowl with Rabbit Hair Streak Design

송

높이 4.6, 입지름 11.5, 바닥지름 3.1

152
H2322d

흑자 토끼털무늬 대접
黑瓷兎毫紋碗
Black-glazed Bowls with Rabbit Hair Streak Design

송
3-1: 높이 7.7, 현재너비 11.1
3-3: 높이 8.2, 바닥지름 3.7, 현재너비 8.5

153
H2323d

흑자 토끼털무늬 대접
黑瓷兎毫紋碗
Black-glazed Bowls with Rabbit Hair Streak Design

송
4-1: 높이 5.6, 바닥지름 3.9, 현재너비 11.2
4-4: 높이 4.5, 바닥지름 3.6, 현재너비 5.8

154
H2282d

장유 토끼털무늬 대접
醬釉兎毫紋碗
Brown-glazed Bowl with Rabbit Hair Streak Design

남송
높이 6.2, 입지름 12.2, 바닥지름 3.9

155
H2275d

흑자 대접
黑瓷碗
Black-glazed Bowl

남송
높이 7.1, 입지름 12.1, 바닥지름 4.2

156
H2276d

흑자 대접
黑瓷碗
Black-glazed Bowl

북송
높이 7.6, 입지름 12.6, 바닥지름 4.4

157
H2277d

흑자 대접
黑瓷碗
Black-glazed Bowl

남송
높이 6.5, 입지름 14.8, 바닥지름 4.4

158
H2287d

흑자 대접
黑瓷碗
Black-glazed Bowl

남송
높이 4.4, 입지름 11.7, 바닥지름 4.0

159
H2318d

흑자 대접
黑瓷碗
Black-glazed Bowls

남송
2-1: 현재높이 5.4, 바닥지름 3.9, 현재너비 12.7
2-2: 높이 6.8, 바닥지름 4.0, 현재너비 12.2

160
H2319d

흑자 대접
黑瓷碗
Black-glazed Bowls

남송
3-1: 높이 6.5, 바닥지름 3.2, 현재너비 11.0
3-3: 높이 4.3, 바닥지름 3.3, 현재너비 7.4

161
H2320d

흑자 대접
黑瓷碗
Black-glazed Bowls

남송
3-1: 높이 5.4, 바닥지름 3.9, 현재너비 13.1
3-3: 높이 6.7, 바닥지름 3.6, 현재너비 9.9

162
H2321d

흑자 대접

黑瓷碗

Black-glazed Bowls

송

3-1: 높이 6.4, 바닥지름 3.9, 현재너비 9.4

3-3: 높이 5.4, 바닥지름 3.4, 현재너비 8.1

163
H2290d

흑자 토끼털무늬 잔

黑瓷兎毫紋盞

Black-glazed Cup with Rabbit Hair Streak Design

남송

높이 4.6, 입지름 9.8, 바닥지름 3.5

164
H2291d

흑자 토끼털무늬 잔
黑瓷兎毫紋盞
Black-glazed Cup with Rabbit Hair Streak Design

남송
높이 4.3, 입지름 9.7, 바닥지름 3.4

165
H2292d

흑자 토끼털무늬 잔
黑瓷兎毫紋盞
Black-glazed Cup with Rabbit Hair Streak Design

남송
높이 4.4, 입지름 9.7, 바닥지름 3.4

166
H2296d

흑자 토끼털무늬 잔
黑瓷兎毫紋盞
Black-glazed Cup with Rabbit Hair Streak Design

남송
높이 4.1, 입지름 9.3, 바닥지름 3.3

167
H2298d

흑자 토끼털무늬 잔
黑瓷兎毫紋盞
Black-glazed Cup with Rabbit Hair Streak Design

남송
높이 4.3, 입지름 9.1, 바닥지름 3.2

168
H2299d

흑자 토끼털무늬 잔
黑瓷兎毫紋盞
Black-glazed Cup with Rabbit Hair Streak Design

남송
높이 4.9, 입지름 8.9, 바닥지름 3.4

169
H2303d

흑자 토끼털무늬 잔
黑瓷兎毫紋盞
Black-glazed Cup with Rabbit Hair Streak Design

남송
높이 4.3, 바닥지름 3.2, 현재너비 9.5

170
H2293d

흑자 잔
黑瓷盞
Black-glazed Cup

남송
높이 5.0, 입지름 10.3, 바닥지름 3.7

171
H2294d

흑자 잔
黑瓷盞
Black-glazed Cup

남송
높이 4.4, 입지름 9.7, 바닥지름 3.3

172
H2295d

흑자 잔
黑瓷盞
Black-glazed Cup

남송
높이 4.4, 입지름 9.7, 바닥지름 3.3

173
H2297d

흑자 잔
黑瓷盞
Black-glazed Cup

남송
높이 3.9, 입지름 9.3, 바닥지름 3.4

174
H2300d

흑자 잔
黑瓷盞
Black-glazed Cup

남송
높이 3.9, 입지름 9.2, 바닥지름 3.0

175
H2301d

흑자 잔
黑瓷盞
Black-glazed Cup

남송
높이 4.5, 입지름 8.8, 바닥지름 3.4

176
H2302d

흑자 잔
黑瓷盞
Black-glazed Cup

남송
높이 4.4, 입지름 8.8, 바닥지름 3.4

177
H2304d

흑자 잔
黑瓷盞
Black-glazed Cup

남송
높이 5.2, 입지름 10.1, 바닥지름 3.8

178
H2305d

흑자 잔
黑瓷盞
Black-glazed Cup

남송
높이 5.2, 입지름 10.2, 바닥지름 4.0

179
H2306d

흑자 잔
黑瓷盞
Black-glazed Cup

남송
높이 4.4, 입지름 10.0, 바닥지름 3.6

180
H2307d

흑자 잔
黑瓷盞
Black-glazed Cup

남송
높이 4.3, 입지름 9.2, 바닥지름 3.5

181
H2308d

흑자 잔
黑瓷盞
Black-glazed Cup

남송
높이 4.2, 입지름 9.2, 바닥지름 3.6

182
H2309d

흑자 잔
黑瓷盞
Black-glazed Cup

남송
높이 3.6, 바닥지름 3.6, 현재너비 9.2

183
H2310d

흑자 잔
黑瓷盞
Black-glazed Cup

남송
높이 4.0, 입지름 8.8, 바닥지름 3.3

184
H2311d

흑자잔

黑瓷盞

Black-glazed Cup

남송
높이 4.5, 바닥지름 3.6, 현재너비 9.7

185
H2312d

흑자잔

黑瓷盞

Black-glazed Cup

남송
높이 4.2, 바닥지름 3.3, 현재너비 9.0

186
H2313d

흑자 잔
黑瓷盞
Black-glazed Cup

남송
높이 4.1, 입지름 9.0, 바닥지름 3.4

187
H2314d

흑자 잔
黑瓷盞
Black-glazed Cup

남송
높이 3.9, 입지름 9.9, 바닥지름 3.5

188
H2315d

흑자 잔
黑瓷盞
Black-glazed Cup

남송
높이 3.5, 입지름 9.7, 바닥지름 3.6

189
H2316d

흑자 잔
黑瓷盞
Black-glazed Cup

남송
높이 4.5, 바닥지름 3.3, 현재너비 8.2

190
H2317d

흑자 잔
黑瓷盞
Black-glazed Cup

남송
높이 4.7, 바닥지름 4.3, 현재너비 8.7

191
H2337d

깔대기형 갑발
漏斗形匣鉢
Funnel Saggar

송
높이 14.2, 입지름 18.2

192
H2338d

깔대기형 갑발
漏斗形匣鉢
Funnel Saggar

송
높이 10.2, 입지름 16.6

193
H2339d

깔대기형 갑발
漏斗形匣鉢
Funnel Saggar

송
높이 10.4, 입지름 16.3

194
H2340d

'공어'·'진잔'이 찍힌 받침
'供御'·'進琖'銘墊餠
Round Bisque Setters with Stamped Inscription of '供御'·'進琖'

송
7-1: 높이 1.6, 현재너비 7.7
7-7: 높이 1.5, 현재너비 4.8

195
H2343d

갑발·받침붙은 흑자 토끼털무늬 대접
黑瓷兎毫紋碗帶匣鉢·墊餠
Black-glazed Bowl with Rabbit Hair Streak Design Adhered to Saggar and Round Bisque Setter

남송
현재높이 7.0, 현재길이 6.9, 현재너비 12.4

196
H2344d

갑발·받침붙은 흑자 토끼털무늬 대접
黑瓷兎毫紋碗帶匣鉢·墊餠
Black-glazed Bowls with Rabbit Hair Streak Design Adhered to Saggar and Round Bisque Setter

남송
2-1: 현재높이 7.0, 현재길이 7.0, 현재너비 12.3
2-2: 현재높이 5.7, 현재길이 5.9, 현재너비 11.7

197
H2347d

갑발·받침붙은 흑자 토끼털무늬 대접
黑瓷兎毫紋碗帶匣鉢·墊餠
Black-glazed Bowls with Rabbit Hair Streak Design Adhered to Saggar and Round Bisque Setter

송
2-1: 현재높이 7.7, 바닥지름 4.4, 현재너비 10.9
2-2: 현재높이 7.3, 현재길이 8.5, 현재너비 10.1

198
H2348d

갑발·받침붙은 흑자 토끼털무늬 대접

黑瓷兎毫紋碗帶匣鉢·墊餠

Black-glazed Bowls with Rabbit Hair Streak Design Adhered to Saggar and Round Bisque Setter

남송
2-1: 현재높이 7.2, 현재길이 12.7, 현재너비 13.1
2-2: 현재높이 6.3, 바닥지름 3.7, 현재너비 12.1

199
H2349d

갑발·받침붙은 흑자 토끼털무늬 잔·대접

黑瓷兎毫紋盞·碗帶匣鉢·墊餠

Black-glazed Cups and Bowls with Rabbit Hair Streak Design Adhered to Saggar and Round Bisque Setter

송
5-1: 현재높이 4.3, 현재길이 8.9, 현재너비 9.1
5-5: 현재높이 5.0, 현재길이 8.9, 현재너비 9.6

200
H2342d

갑발·받침붙은 흑자 대접
黑瓷碗帶匣鉢·墊餅
Black-glazed Bowl
Adhered to Saggar and Round Bisque Setter

송
현재높이 7.2, 현재길이 7.1, 현재너비 13.2

201
H2341d

갑발붙은 흑자 토끼털무늬 대접
黑瓷兎毫紋碗帶匣鉢
Black-glazed Bowl with Rabbit Hair Streak Design
Adhered to Saggar

남송
현재높이 7.8, 바닥지름 3.7, 현재너비 12.3

202
H2345d

갑발붙은 흑자 토끼털무늬 대접

黑瓷兎毫紋碗帶匣鉢

Black-glazed Bowls with Rabbit Hair Streak Design Adhered to Saggar

송
2-1: 현재높이 6.4, 바닥지름 3.4, 현재너비 12.5
2-2: 현재높이 5.9, 바닥지름 3.7, 현재너비 11.2

203
H2346d

받침붙은 흑자 토끼털무늬 대접

黑瓷兎毫紋碗帶墊餠

Black-glazed Bowls with Rabbit Hair Streak Design Adhered to Round Bisque Setter

남송
2-1: 현재높이 7.2, 현재길이 10.4, 현재너비 10.7
2-2: 현재높이 6.0, 현재길이 8.3, 현재너비 9.5

204
H2350d

받침붙은 흑자 토끼털무늬 대접

黑瓷兎毫紋碗帶墊餠

Black-glazed Bowls with Rabbit Hair Streak Design Adhered to Round Bisque Setter

남송
5-1 : 현재높이 4.6, 현재길이 8.2, 현재너비 10.1
5-5 : 현재길이 8.6, 현재너비 7.5

205
H2324d

흑자 토끼털무늬 대접편

黑瓷兎毫紋碗片

Pieces of Black-glazed Bowl with Rabbit Hair Streak Design

남송
4-1 : 현재길이 7.9, 현재너비 10.7
4-4 : 현재길이 6.9, 현재너비 8.8

206
H2325d

흑자 토끼털무늬 대접편
黑瓷兎毫紋碗片
Pieces of Black-glazed Bowl with Rabbit Hair Streak Design

남송
4-1: 현재길이 8.6, 현재너비 10.9
4-4: 현재길이 5.5, 현재너비 7.7

207
H2326d

흑자 토끼털무늬 대접편
黑瓷兎毫紋碗片
Pieces of Black-glazed Bowl with Rabbit Hair Streak Design

남송
3-1: 현재길이 7.8, 현재너비 10.4
3-3: 현재길이 8.0, 현재너비 7.8

208
H2327d

흑자 토끼털무늬 대접편

黑瓷兎毫紋碗片

Pieces of Black-glazed Bowl with Rabbit Hair Streak Design

남송
5-1: 높이 6.3, 현재길이 9.9, 현재너비 9.6
5-5: 현재길이 6.7, 현재너비 6.2

209
H2328d

흑자 토끼털무늬 대접편

黑瓷兎毫紋碗片

Pieces of Black-glazed Bowl with Rabbit Hair Streak Design

남송
5-1: 현재길이 7.5, 현재너비 8.8
5-5: 현재길이 4.6, 현재너비 6.3

210
H2330d

흑자 토끼털무늬 대접편
黑瓷兎毫紋碗片
Pieces of Black-glazed Bowl with Rabbit Hair Streak Design

남송
3-1: 현재길이 7.8, 현재너비 7.6
3-3: 현재길이 5.9, 현재너비 5.4

211
H2332d

흑자 토끼털무늬 대접편
黑瓷兎毫紋碗片
Pieces of Black-glazed Bowl with Rabbit Hair Streak Design

남송
6-1: 현재길이 7.0, 현재너비 4.8
6-6: 현재길이 2.8, 현재너비 6.1

212
H2333d

흑자 토끼털무늬 대접편
黑瓷兎毫紋碗片
Pieces of Black-glazed Bowl with Rabbit Hair Streak Design

남송
6-1: 현재높이 5.5, 바닥지름 4.1, 현재너비 10.9
6-6: 현재높이 3.2, 현재길이 5.3, 현재너비 5.7

213
H2334d

흑자 토끼털무늬 대접편
黑瓷兎毫紋碗片
Pieces of Black-glazed Bowl with Rabbit Hair Streak Design

남송
5-1: 현재높이 5.5, 바닥지름 4.0, 현재너비 11.4
5-5: 현재높이 5.1, 바닥지름 3.0, 현재너비 5.7

214
H2335d

흑자 토끼털무늬 대접편
黑瓷兎毫紋碗片
Pieces of Black-glazed Bowl with Rabbit Hair Streak Design

남송
4-1: 현재높이 4.5, 바닥지름 4.2, 현재너비 9.3
4-4: 현재높이 4.1, 바닥지름 3.4, 현재너비 7.9

215
H2329d

흑자 대접편
黑瓷碗片
Pieces of Black-glazed Bowl

송
5-1: 현재길이 6.1, 현재너비 8.5
5-5: 높이 4.6, 현재길이 6.7, 현재너비 6.0

216
H2331d

흑자 대접편
黑瓷碗片
Pieces of Black-glazed Bowl

남송
5-1: 현재길이 5.5, 현재너비 7.6
5-5: 현재길이 3.8, 현재너비 3.7

217
H2336d

흑자 대접편
黑瓷碗片
Pieces of Black-glazed Bowl

남송
4-1: 현재높이 4.1, 바닥지름 4.1, 현재너비 10.2
4-4: 현재높이 3.2, 바닥지름 3.6, 현재너비 7.6

김영엽

기증일자

2017년 9월 20일

기증유물

고구려 고분벽화 모사도 62점

218
H2213d

강서대묘 청룡 모사도

江西大墓靑龍模寫圖

Blue Dragon in Gangseodaemyo Tomb (Replica)

북한 1990년대
가로 316.0, 세로 206.0

219
H2214d

강서대묘 백호 모사도

江西大墓白虎模寫圖

White Tiger in Gangseodaemyo Tomb (Replica)

북한 1990년대
가로 316.0, 세로 206.0

220
H2215d

강서대묘 널방 모사도

江西大墓玄室模寫圖

Main chamber in Gangseodaemyo Tomb (Replica)

북한 1990년대
가로 316.0, 세로 193.0

221
H2216d

강서대묘 주작 모사도

江西大墓朱雀模寫圖

Red Phoenix in Gangseodaemyo Tomb (Replica)

북한 1990년대
가로 91.3, 세로 184.8

222
H2217d

강서대묘 주작 모사도

江西大墓朱雀模寫圖

Red Phoenix in Gangseodaemyo Tomb (Replica)

북한 1990년대
가로 109.8, 세로 195.1

223
H2218d

강서중묘 청룡 모사도

江西中墓靑龍模寫圖

Blue Dragon in Gangseojungmyo Tomb (Replica)

북한 1990년대
가로 306.0, 세로 185.0

224
H2219d

강서중묘 백호 모사도

江西中墓白虎模寫圖

White Tiger in Gangseojungmyo Tomb (Replica)

북한 1990년대
가로 306.0, 세로 186.0

225
H2220d

강서중묘 현무 모사도

江西中墓玄武模寫圖

Black Tortoise in Gangseojungmyo Tomb (Replica)

북한 1990년대
가로 304.0, 세로 185.0

226
H2221d

강서중묘 주작 모사도

江西中墓朱雀模寫圖

Red Phoenix in Gangseojungmyo Tomb (Replica)

북한 1990년대
가로 91.0, 세로 185.5

227
H2222d

강서중묘 천장화 모사도

江西中墓天障畵模寫圖

Ceiling Painting in Gangseojungmyo Tomb (Replica)

북한 1990년대
가로 175.0, 세로 191.0

228
H2223d

쌍영총 무덤 주인 부부 모사도

雙楹塚墓主夫婦模寫圖

Painting of the Tomb Owner Couple in Ssangyeongchong Tomb (Replica)

북한 1990년대
가로 273.0, 세로 177.0

229
H2224d

쌍영총 여인 모사도

雙楹塚女人模寫圖

Women in Ssangyeongchong Tomb (Replica)

북한 1990년대
가로 59.0, 세로 117.0

230
H2225d

쌍영총 널방 모사도

雙楹塚玄室模寫圖

A Pair of the Octagonal Pillars in Ssangyeongchong Tomb (Replica)

북한 1990년대
가로 185.0, 세로 206.0

231
H2226d

쌍영총 천장화 모사도

雙楹塚天障畫模寫圖
Ceiling Painting in Ssangyeongchong Tomb (Replica)

북한 1990년대
가로 179.0, 세로 192.0

232
H2227d

호남리사신총 청룡 모사도

湖南里四神塚青龍模寫圖

Blue Dragon in Honamri Sasinchong Tomb (Replica)

북한 1990년대
가로 306.0, 세로 185.0

233
H2228d

호남리사신총 백호 모사도

湖南里四神塚白虎模寫圖

White Tiger in Honamri Sasinchong Tomb (Replica)

북한 1990년대
가로 306.0, 세로 186.0

234
H2229d

호남리사신총 현무 모사도

湖南里四神塚玄武模寫圖

Black Tortoise in Honamri Sasinchong Tomb (Replica)

북한 1990년대
가로 352.0, 세로 185.0

235
H2230d

호남리사신총 주작 모사도

湖南里四神塚朱雀模寫圖

Red Phoenix in Honamri Sasinchong Tomb (Replica)

북한 1990년대
가로 128.0, 세로 182.0

236
H2231d

진파리1호분 청룡 모사도

眞坡里一號墳靑龍模寫圖

Blue Dragon in Jinpari Tomb No.1 (Replica)

북한 1990년대
가로 331.0, 세로 156.0

237
H2232d

진파리1호분 새와 구름 모사도
眞坡里一號墳鳥雲模寫圖
Bird and cloud in Jinpari Tomb No.1 (Replica)

북한 1990년대
가로 161.0, 세로 61.0

238
H2233d

진파리1호분 백호 모사도

眞坡里一號墳白虎模寫圖
White Tiger in Jinpari Tomb No.1 (Replica)

북한 1990년대
가로 336.0, 세로 158.0

239
H2234d

진파리1호분 현무 모사도
眞坡里一號墳玄武模寫圖
Black Tortoise in Jinpari Tomb No.1 (Replica)

북한 1990년대
가로 257.0, 세로 166.0

240
H2235d

진파리1호분 해와 달 모사도

眞坡里一號墳日月模寫圖

Sun and Moon in Jinpari Tomb No.1 (Replica)

북한 1990년대
가로 149.0, 세로 200.0

241
H2236d

진파리4호분 백호 모사도

眞坡里四號墳白虎模寫圖

White Tiger in Jinpari Tomb No.4 (Replica)

북한 1990년대
가로 201.0, 세로 158.0

242
H2237d

진파리4호분 연못 모사도

眞坡里四號墳蓮池模寫圖

Lotus Pond in Jinpari Tomb No.4 (Replica)

북한 1990년대
가로 243.0, 세로 167.0

243
H2238d

진파리4호분 천장화 모사도

眞坡里四號墳天障畵模寫圖

Ceiling Painting in Jinpari Tomb No.4 (Replica)

북한 1990년대
가로 156.0, 세로 108.0

244
H2239d

진파리4호분 천장화 모사도
眞坡里四號墳天障畵模寫圖
Ceiling Painting in Jinpari Tomb No.4 (Replica)

북한 1990년대
가로 180.0, 세로 108.0

245
H2240d

진파리4호분 천장화 모사도

眞坡里四號墳天障畵模寫圖

Ceiling Painting in Jinpari Tomb No.4 (Replica)

북한 1990년대
가로 93.0, 세로 105.0

246
H2241d

안악1호분 사냥 모사도

安岳一號墳狩獵模寫圖

Hunting scene in Anak Tomb No.1 (Replica)

북한 1990년대
가로 268.0, 세로 178.0

247
H2242d

안악1호분 천장화 모사도

安岳一號墳天障畵模寫圖

Ceiling Painting in Anak Tomb No.1 (Replica)

북한 1990년대
가로 183.0, 세로 110.0

김영엽

248
H2243d

안악1호분 천장화 모사도

安岳一號墳天障畵模寫圖

Ceiling Painting in Anak Tomb No.1 (Replica)

북한 1990년대
가로 183.0, 세로 115.0

249
H2244d

안악1호분 천장화 모사도

安岳一號墳天障畵模寫圖

Ceiling Painting in Anak Tomb No.1 (Replica)

북한 1990년대
가로 182.0, 세로 110.0

250
H2245d

안악2호분 비천 모사도

安岳二號墳飛天模寫圖
Apsaras in Anak Tomb No.2 (Replica)

북한 1990년대
가로 81.0, 세로 57.0

251
H2246d

안악2호분 문지기 모사도

安岳二號墳守門將模寫圖

Gate Guard in Anak Tomb No.2 (Replica)

북한 1990년대
가로 126.0, 세로 192.0

252
H2247d

안악2호분 천장화 모사도

安岳二號墳天障畵模寫圖

Ceiling Painting in Anak Tomb No.2 (Replica)

북한 1990년대
가로 128.0, 세로 180.0

253
H2248d

안악3호분 무덤 주인과 시종들 모사도
安岳三號墳墓主·侍從模寫圖
Scene of the Nobleman Governing in Anak Tomb No.3 (Replica)

북한 1990년대
가로 312.0, 세로 186.0

254
H2249d

안악3호분 무덤 주인의 부인과 시종들 모사도
安岳三號墳墓主婦人·侍從模寫圖
Noblewoman and Her Maids in Anak Tomb No.3 (Replica)

북한 1990년대
가로 165.0, 세로 197.0

255
H2250d

안악3호분 장하독 모사도
安岳三號墳帳下督模寫圖
Milltary Aide-de-camp in Anak Tomb No.3 (Replica)

북한 1990년대
가로 90.0, 세로 212.0

256
H2251d

안악3호분 의장기수 모사도
安岳三號墳儀仗旗手模寫圖
Standard Bearers in Anak Tomb No.3 (Replica)

북한 1990년대
가로 138.0, 세로 70.0

257
H2252d

안악3호분 수박희 모사도
安岳三號墳手搏戲模寫圖
Subakhee(Unarmed sparring) in Anak Tomb No.3 (Replica)

북한 1990년대
가로 106.8, 세로 184.5

258
H2253d

안악3호분 대행렬 모사도

安岳三號墳大行列模寫圖

Grand Procession scene in Anak Tomb No.3 (Replica)

북한 1990년대
가로 398.0, 세로 165.0

259
H2254d

안악3호분 우물 모사도

安岳三號墳井模寫圖

Well in Anak Tomb No.3 (Replica)

북한 1990년대
가로 108.0, 세로 173.0

김영엽

260
H2255d

안악3호분 부엌 모사도

安岳三號墳廚房模寫圖

Kitchen in Anak Tomb No.3 (Replica)

북한 1990년대
가로 291.0, 세로 172.0

261
H2256d

안악3호분 외양간 모사도

安岳三號墳牛舍模寫圖
Cow-shed in Anak Tomb No.3 (Replica)

북한 1990년대
가로 123.0, 세로 180.0

김영엽

262
H2257d

안악3호분 마구간 모사도
安岳三號墳馬廏間模寫圖
Stable in Anak Tomb No.3 (Replica)

북한 1990년대
가로 109.0, 세로 182.0

263
H2258d

안악3호분 방앗간 모사도

安岳三號墳精米所模寫圖

Mill in Anak Tomb No.3 (Replica)

북한 1990년대
가로 55.0, 세로 168.0

264
H2259d

대안리1호분 인물군상 모사도

大安里一號墳人物群像模寫圖

Group of People in Daeanri Tomb No.1 (Replica)

북한 1990년대
가로 319.0, 세로 209.0

김영엽

265
H2260d

대안리1호분 청룡 모사도
大安里一號墳靑龍模寫圖
Blue Dragon in Daeanri Tomb No.1 (Replica)

북한 1990년대
가로 322.0, 세로 215.0

266
H2261d

약수리고분 청룡 모사도
藥水里古墳靑龍模寫圖
Blue Dragon in Yaksuri Tomb (Replica)

북한 1990년대
가로 330.0, 세로 244.0

267
H2262d

약수리고분 주작 모사도

藥水里古墳朱雀模寫圖

Red Phoenix in Yaksuri Tomb (Replica)

북한 1990년대
가로 304.0, 세로 243.0

268
H2263d

약수리고분 현무와 무덤 주인 부부 모사도

藥水里古墳玄武·墓主夫婦模寫圖

Black Tortoise and the Tomb Owner Couple in Yaksuri Tomb (Replica)

북한 1990년대
가로 304.0, 세로 271.0

269
H2264d

약수리고분 행렬 모사도
藥水里古墳行列模寫圖
Procession scene in Yaksuri Tomb (Replica)

북한 1990년대
가로 283.0, 세로 129.0

270
H2265d

약수리고분 사냥 모사도
藥水里古墳狩獵模寫圖
Hunting scene in Yaksuri Tomb (Replica)

북한 1990년대
가로 380.0, 세로 119.0

271
H2266d

수산리고분 여자 시종 모사도

水山里古墳女子侍從模寫圖

Two Female Attendants in Susanri Tomb (Replica)

북한 1990년대
가로 67.0, 세로 99.0

272
H2267d

수산리고분 남자 시종 모사도
水山里古墳男子侍從模寫圖
Two Male Attendants in Susanri Tomb (Replica)

북한 1990년대
가로 53.0, 세로 86.0

273
H2268d

수산리고분 문지기 모사도

水山里古墳守門將模寫圖

Gate Guard in Susanri Tomb (Replica)

북한 1990년대
가로 108.0, 세로 174.0

274
H2269d

덕화리1호분 청룡 모사도

德化里一號墳靑龍模寫圖

Blue Dragon in Deokhwari Tomb No.1 (Replica)

북한 1990년대
가로 292.0, 세로 156.0

275
H2270d

덕화리1호분 백호 모사도

德化里一號墳白虎模寫圖

White Tiger in Deokhwari Tomb No.1 (Replica)

북한 1990년대
가로 292.0, 세로 155.0

276
H2271d

덕화리1호분 현무와 인물군상 모사도

德化里一號墳玄武·人物群像模寫圖

Black Tortoise and Group of People in Deokhwari Tomb No.1 (Replica)

북한 1990년대
가로 207.0, 세로 189.0

277
H2272d

덕화리1호분 천장화 모사도

德化里一號墳天障畵模寫圖

Ceiling Painting in Deokhwari Tomb No.1 (Replica)

북한 1990년대
가로 244.0, 세로 196.0

278
H2273d

덕화리2호분 천장화 모사도

德化里二號墳天障畵模寫圖

Ceiling Painting in Deokhwari Tomb No.2 (Replica)

북한 1990년대
가로 246.0, 세로 144.0

279
H2274d

덕화리2호분 천장화 모사도

德化里二號墳天障畵模寫圖

Ceiling Painting in Deokhwari Tomb No.2 (Replica)

북한 1990년대
가로 245.0, 세로 148.0

최정해

기증일자

2016년 7월 19일
10월 13일
2020년 6월 2일
11월 11일

기증유물

긴 목 항아리 등
22점

280
H2005d

긴 목 항아리

長頸壺

Long-necked Jar

신라
높이 24.5, 입지름 14.9, 최대지름 23.6

281
H2006d

굽다리 접시

高杯

Mounted Dish

신라
높이 6.0, 입지름 9.4, 바닥지름 5.6, 최대지름 10.1

282
H2007d

굽다리 접시
高杯
Mounted Dish

신라
높이 6.1, 입지름 11.4, 바닥지름 8.7, 최대지름 14.3

283
H2008d

접시
杯
Dish

신라
높이 3.0, 입지름 11.8, 최대지름 13.8

284
H2010d

굽다리 사발
臺附盌
Mounted Bowls

신라
2-1: 높이 7.8, 입지름 10.0, 바닥지름 6.5, 최대지름 10.5
2-2: 높이 7.5, 입지름 10.1, 바닥지름 6.4

285
H2009d

도기 매병
陶器梅甁
Earthenware Prunus Vase

신라
높이 25.0, 입지름 8.7, 바닥지름 11.3, 최대지름 13.4

최정해

286
H2011d

쇠 도끼
鐵斧
Iron Axes

신라
3-1: 현재길이 9.8, 현재너비 4.2, 현재두께 3.4
3-3: 현재길이 9.5, 현재너비 4.9, 현재두께 2.8

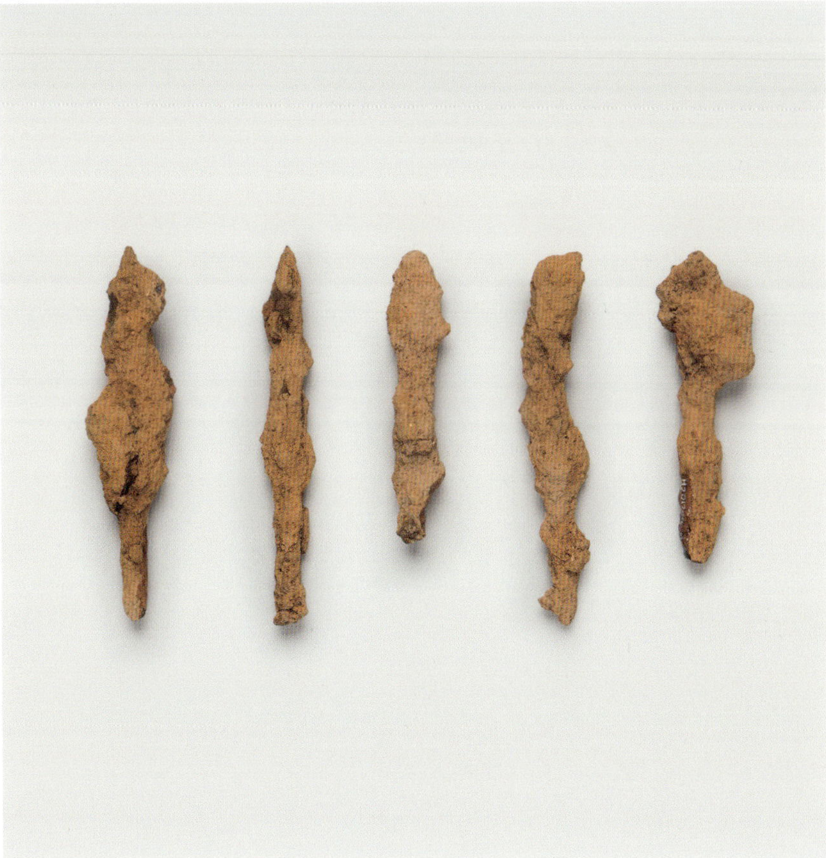

287
H2012d

쇠 화살촉
鐵鏃
Iron Arrowheads

신라
5-1: 현재길이 9.0, 현재너비 2.2, 두께 1.1
5-5: 현재길이 7.2, 현재너비 2.5, 두께 0.9

288
H2013d

쇠 손칼
鐵刀子
Iron knives

신라
2-1: 현재길이 2.0, 현재너비 15.0, 두께 1.3
2-2: 현재길이 1.8, 현재너비 14.2, 두께 1.0

289
H2014d

쇠 낫
鐵鎌
Iron Sickle

신라
현재길이 5.0, 현재너비 19.2, 두께 0.8

290
H2554d

백지흑화 향합
白地黑花香盒
White-glazed Incense Box with Black Design

태국 14-15세기
전체높이 9.9
합: 높이 6.7, 입지름 9.4, 바닥지름 6.9, 최대지름 10.8
뚜껑: 높이 3.8, 지름 10.7

291
H2555d

백지흑화 향합
白地黑花香盒
White-glazed Incense Box with Black Design

태국 14-15세기
전체높이 4.6
합: 높이 3.0, 입지름 5.5, 바닥지름 2.7, 최대지름 6.4
뚜껑: 높이 2.1, 지름 6.4

김리나

기증일자

2017년 6월 22일
11월 21일

기증유물

조선고적도보 등
13점

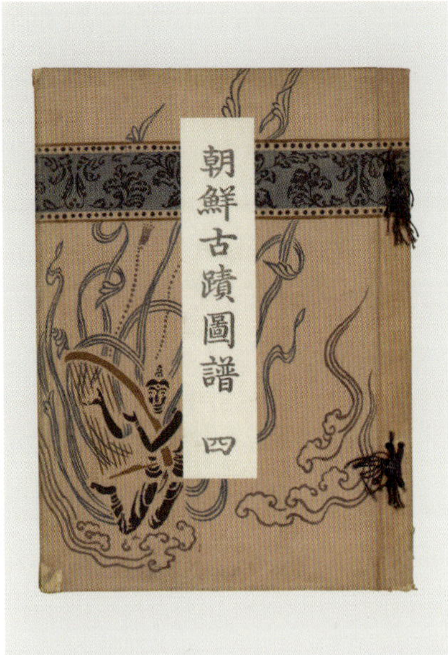

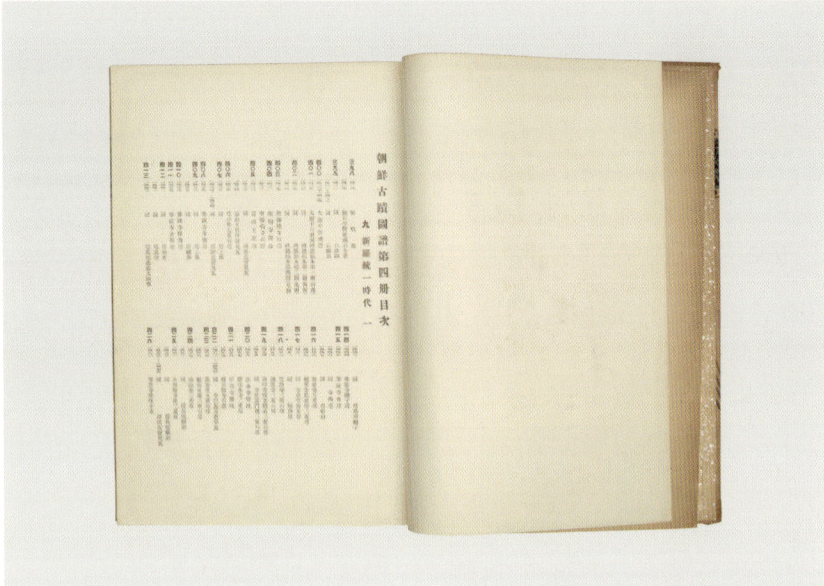

292
H2169d

조선고적도보(4)

朝鮮古蹟圖譜(四)

Joseongojeokdobo (Photo Book of Cultural Assets of the Joseon Dynasty), Volume 4

일제강점기 1916년
길이 42.0, 너비 31.0, 두께 2.1

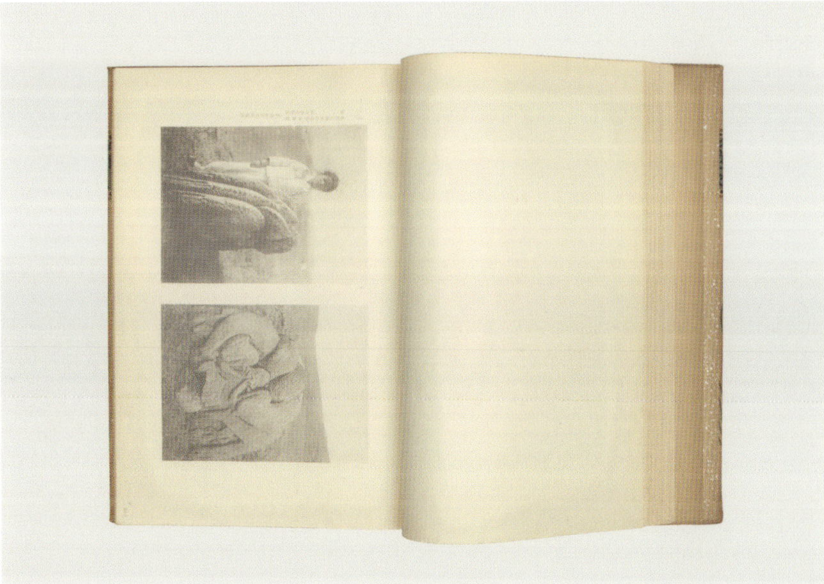

293
H2170d

조선고적도보(4)

朝鮮古蹟圖譜(四)

Joseongojeokdobo (Photo Book of Cultural Assets of the Joseon Dynasty), Volume 4

일제강점기 1916년
길이 41.9, 너비 30.9, 두께 2.0

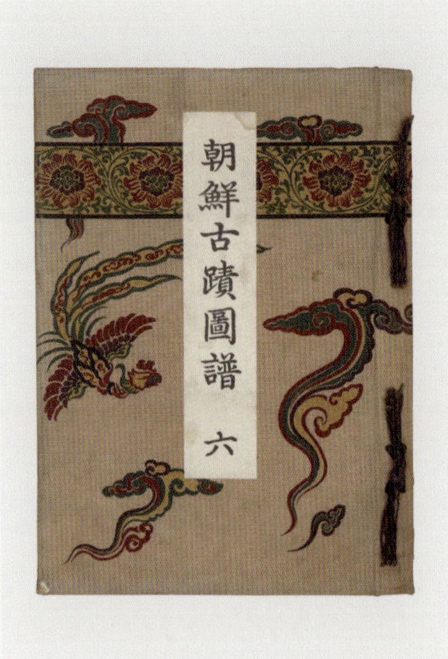

294
H2171d

조선고적도보(6)

朝鮮古蹟圖譜(六)

Joseongojeokdobo (Photo Book of Cultural Assets of the Joseon Dynasty), Volume 6

일제강점기 1918년
길이 41.5, 너비 30.9, 두께 2.7

295
H2172d

조선고적도보(7)

朝鮮古蹟圖譜(七)

Joseongojeokdobo (Photo Book of Cultural Assets of the Joseon Dynasty), Volume 7

일제강점기 1920년
길이 41.5, 너비 30.6, 두께 2.4

296
H2173d

조선고적도보(8)

朝鮮古蹟圖譜(八)

Joseongojeokdobo (Photo Book of Cultural Assets of the Joseon Dynasty), Volume 8

일제강점기 1928년
길이 42.2, 너비 30.5, 두께 2.8

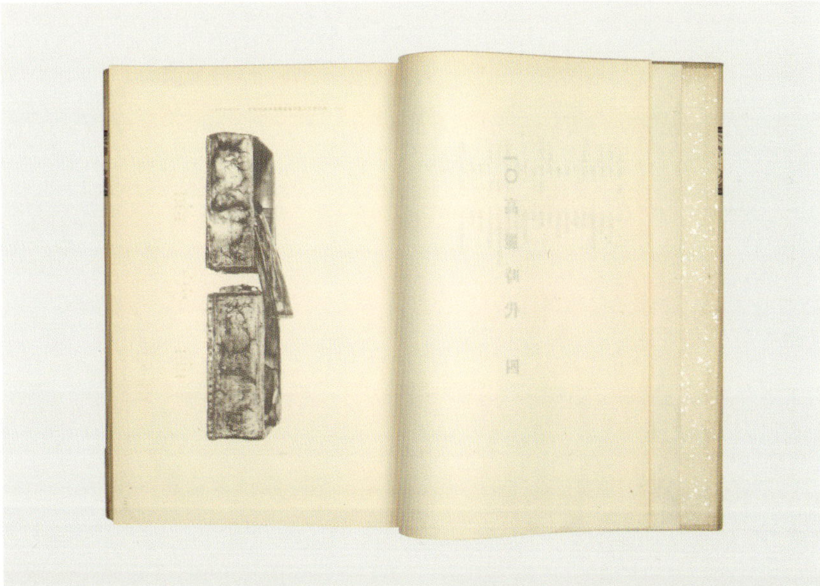

297
H2174d

조선고적도보(9)

朝鮮古蹟圖譜(九)

Joseongojeokdobo (Photo Book of Cultural Assets of the Joseon Dynasty), Volume 9

일제강점기 1929년
길이 41.3, 너비 31.0, 두께 3.0

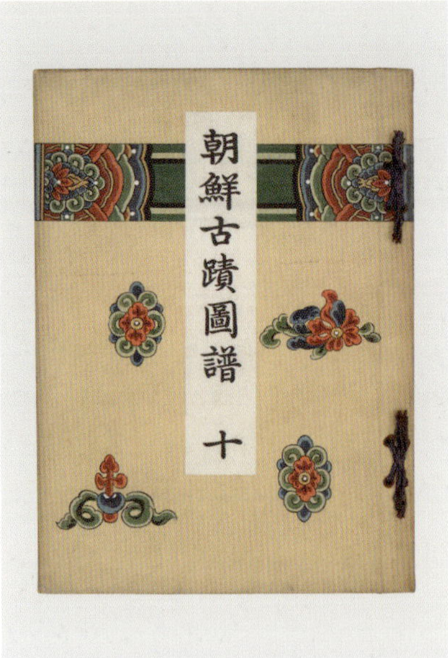

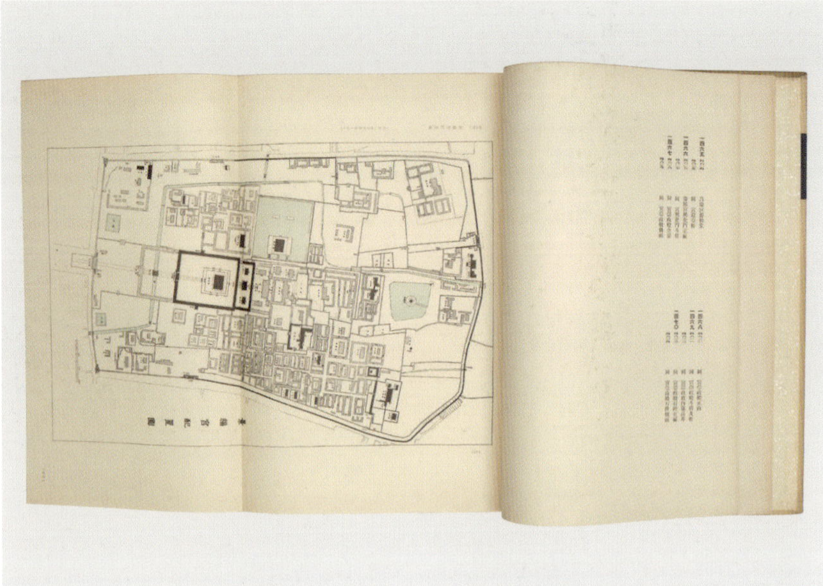

298
H2175d

조선고적도보(10)

朝鮮古蹟圖譜(十)

Joseongojeokdobo (Photo Book of Cultural Assets of the Joseon Dynasty), Volume 10

일제강점기 1930년
길이 41.6, 너비 31.1, 두께 3.2

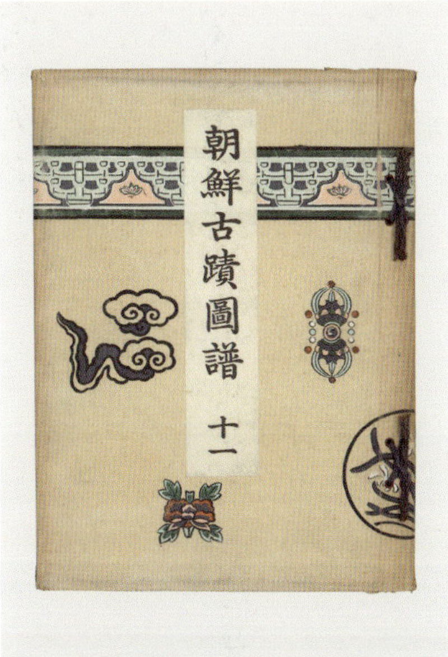

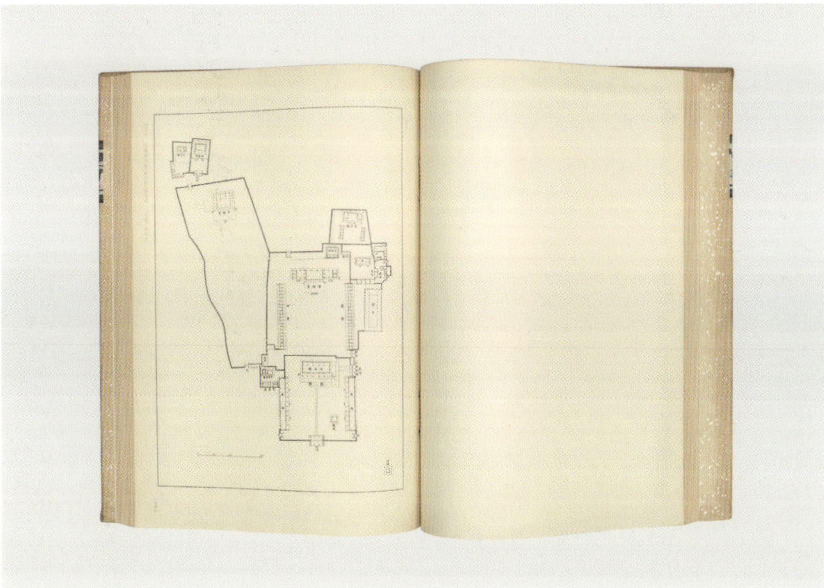

299
H2176d

조선고적도보(11)

朝鮮古蹟圖譜(十一)

Joseongojeokdobo (Photo Book of Cultural Assets of the Joseon Dynasty), Volume 11

일제강점기 1931년
길이 41.4, 너비 30.9, 두께 3.4

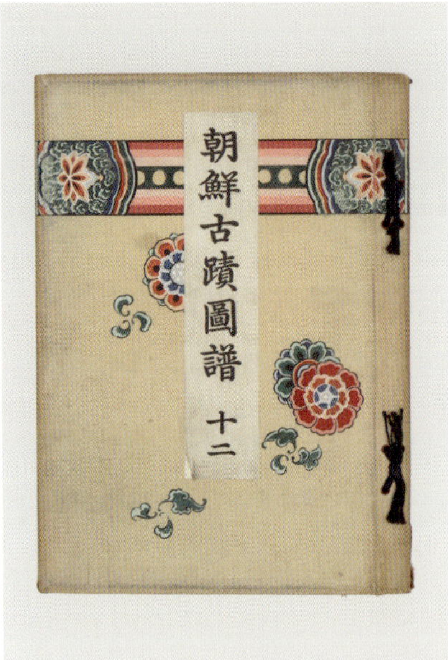

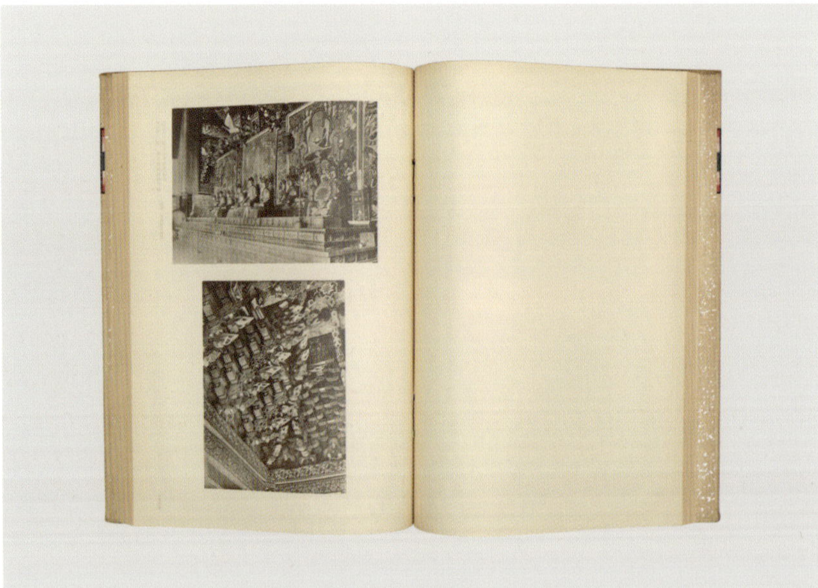

김리나

300
H2177d

조선고적도보(12)

朝鮮古蹟圖譜(十二)

Joseongojeokdobo (Photo Book of Cultural Assets of the Joseon Dynasty), Volume 12

일제강점기 1932년
길이 41.3, 너비 30.8, 두께 2.4

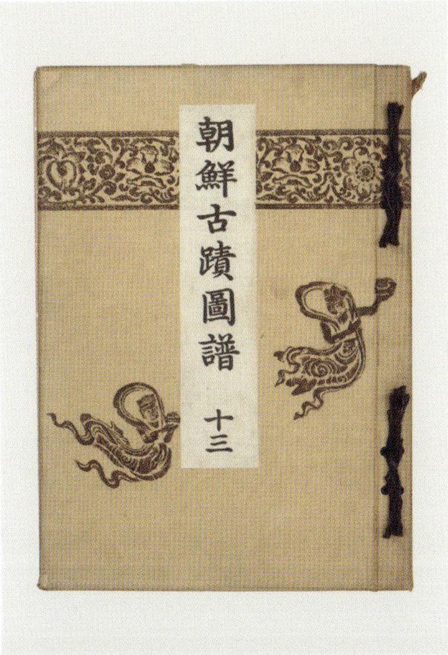

301
H2178d

조선고적도보(13)

朝鮮古蹟圖譜(十三)

Joseongojeokdobo (Photo Book of Cultural Assets of the Joseon Dynasty), Volume 13

일제강점기 1933년
길이 41.6, 너비 30.6, 두께 3.5

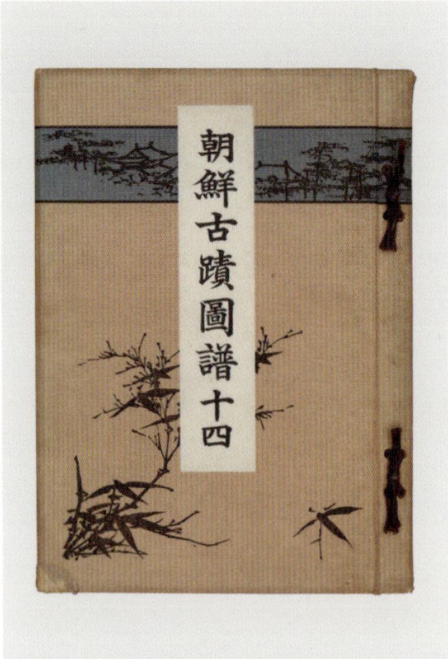

302
H2179d

조선고적도보(14)

朝鮮古蹟圖譜(十四)

Joseongojeokdobo (Photo Book of Cultural Assets of the Joseon Dynasty), Volume 14

일제강점기 1934년
길이 41.1, 너비 30.6, 두께 4.2

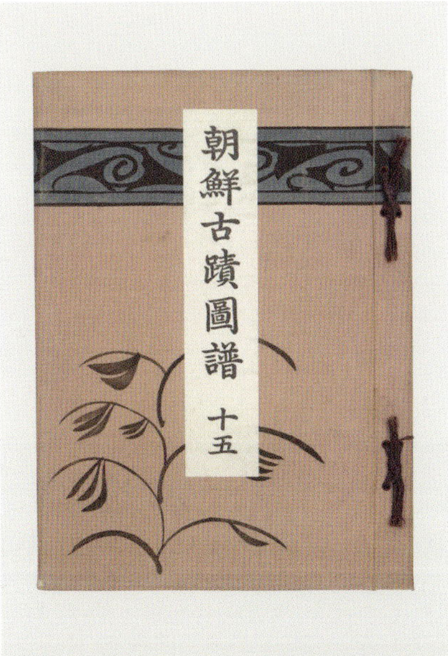

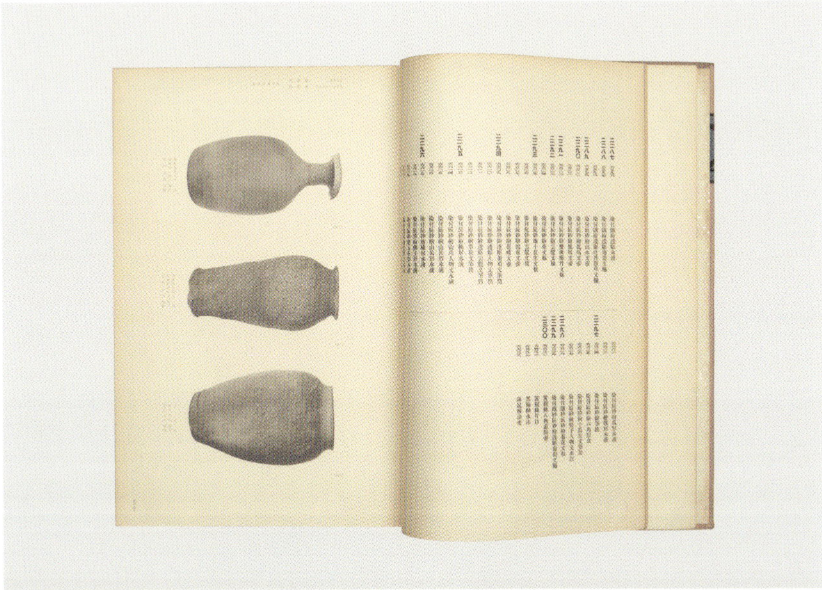

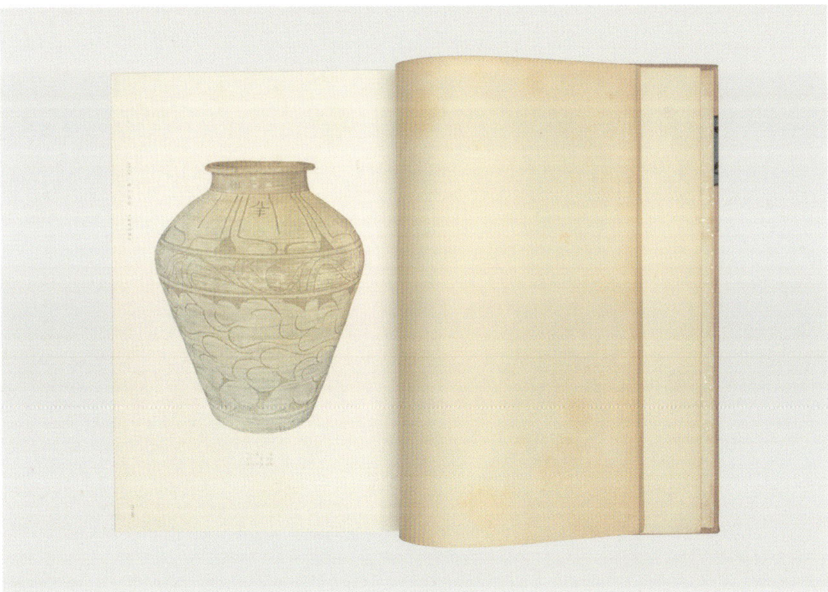

김리나

303
H2180d

조선고적도보(15)

朝鮮古蹟圖譜(十五)

Joseongojeokdobo (Photo Book of Cultural Assets of the Joseon Dynasty), Volume 15

일제강점기 1935년
길이 41.1, 너비 30.6, 두께 3.8

304
H2098d

짧은 목 항아리

短頸壺

Short-necked Jar

백제
높이 17.8, 입지름 14.5, 바닥지름 8.0, 최대지름 19.5

이상윤

기증일자

2016년 11월 30일
2019년 2월 22일

기증유물

큰칼 등
10점

305
HL13143

청자 꽃모양 입 접시편
青瓷花口盤片
A Piece of Celadon Dish with a Flower-shaped Mouth

송
높이 4.6, 현재너비 11.9

306
HL13144

청자 향로편
青瓷爐片
Pieces of Celadon Incense Burner

송
3-1: 현재길이 10.8, 현재너비 9.1
3-3: 현재길이 7.3, 현재너비 6.2

307
HL13145

청자 향로편
青瓷爐片
Pieces of Celadon Incense Burner

송
4-1: 현재길이 6.5, 현재너비 14.6
4-4: 현재길이 4.8, 현재너비 4.9

308
HL13146

청자편
青瓷片
Pieces of Celadon

송
현재길이 1.3~3.4, 현재너비 2.0~3.9

309
H2412d

큰칼
大刀
Long Sword

길이 87.0, 너비 8.0, 두께 2.5

성기인

기증일자

2017년 8월 2일

기증유물

청자 주전자편 등
7점

310
H2163d

청자 주전자편
青瓷注子片
A Piece of Celadon Ewer

송
현재길이 8.1, 현재너비 8.9

311
H2164d

청자 대접편
青瓷碗片
A Piece of Celadon Bowl

남송
높이 3.4, 바닥지름 4.7, 현재너비 10.4

312
H2165d

백자 청화 접시편
白瓷靑花盤片
A Piece of Blue and White Porcelain Dish

명
현재높이 3.1, 현재길이 10.6, 현재너비 12.5

313
H2166d

청자편
靑瓷片
A Piece of Celadon

송
현재길이 5.4, 현재너비 4.7

314
H2167d

청자편
青瓷片
A Piece of Celadon

현재길이 6.2, 현재너비 6.7

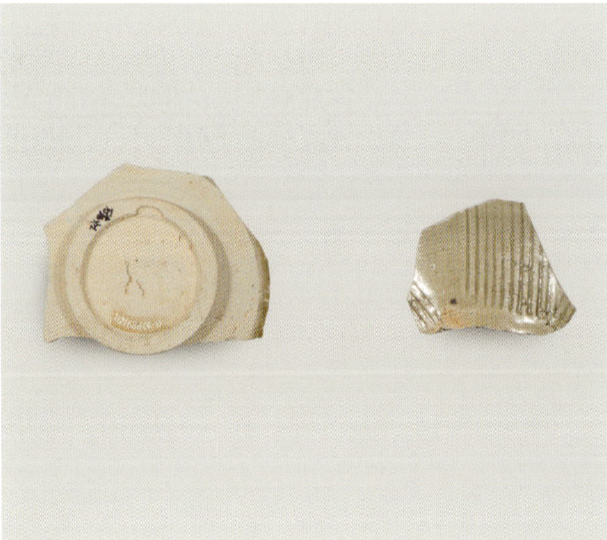

315
H2168d

청자편
青瓷片
Pieces of Celadon

2-1: 현재높이 1.9, 바닥지름 4.9, 현재길이 5.4, 현재너비 7.1
2-2: 현재길이 4.1, 현재너비 5.5

민관기 · 김규옥

기증일자

2018년 8월 24일
8월 28일

기증유물

굽다리 사발 등
4점

316
H2181d

굽다리 사발

臺附盌

Mounted Bowl

신라

높이 12.6, 입지름 13.0, 바닥지름 8.4

317
H2182d

뚜껑 있는 굽다리 접시

有蓋高杯

Mounted Dish with Lid

신라

전체높이 11.0

접시: 높이 7.6, 입지름 8.5, 바닥지름 6.9, 최대지름 10.0

뚜껑: 높이 3.7, 지름 19.2

318
H2183d

잔받침

杯臺

Cup Stand

신라
높이 9.5, 입지름 13.2, 바닥지름 11.7

유경지

기증일자

2017년 10월 10일

기증유물

짧은 목 항아리
1점

319
H2162d

짧은 목 항아리

短頸壺

Short-necked Jar

백제
높이 28.3, 입지름 12.5, 바닥지름 9.5, 최대지름 26.2

김남주

기증일자

2018년 11월 2일

기증유물

바리
1점

320
H2184d

김남주

바리

鉢

Bowl

신라
높이 12.7, 입지름 14.2, 바닥지름 10.0, 최대지름 14.5

Ⅱ

유물 목록

001
H2005d
긴 목 항아리
長頸壺
Long-necked Jar
신라
높이 24.5, 입지름 14.9, 최대지름 23.6
최정해 기증
p.190

002
H2006d
굽다리 접시
高杯
Mounted Dish
신라
높이 6.0, 입지름 9.4, 바닥지름 5.6, 최대지름 10.1
최정해 기증
p.190

003
H2007d
굽다리 접시
高杯
Mounted Dish
신라
높이 6.1, 입지름 11.4, 바닥지름 8.7, 최대지름 14.3
최정해 기증
p.191

004
H2008d
접시
杯
Dish
신라
높이 3.0, 입지름 11.8, 최대지름 13.8
최정해 기증
p.191

005
H2009d
도기 매병
陶器梅甁
Earthenware Prunus Vase
신라
높이 25.0, 입지름 8.7, 바닥지름 11.3, 최대지름 13.4
최정해 기증
p.192

006
H2010d
굽다리 사발
臺附盌
Mounted Bowls
신라
2-1: 높이 7.8, 입지름 10.0, 바닥지름 6.5, 최대지름 10.5
2-2: 높이 7.5, 입지름 10.1, 바닥지름 6.4
최정해 기증
p.192

007
H2011d
쇠 도끼
鐵斧
Iron Axes
신라
3-1: 현재길이 9.8, 현재너비 4.2, 현재두께 3.4
3-3: 현재길이 9.5, 현재너비 4.9, 현재두께 2.8
최정해 기증
p.193

008
H2012d
쇠 화살촉
鐵鏃
Iron Arrowheads
신라
5-1: 현재길이 9.0, 현재너비 2.2, 두께 1.1
5-5: 현재길이 7.2, 현재너비 2.5, 두께 0.9
최정해 기증
p.193

009
H2013d
쇠 손칼
鐵刀子
Iron knives
신라
2-1: 현재길이 2.0, 현재너비 15.0, 두께 1.3
2-2: 현재길이 1.8, 현재너비 14.2, 두께 1.0
최정해 기증
p.194

010
H2014d
쇠 낫
鐵鎌
Iron Sickle
신라
현재길이 5.0, 현재너비 19.2, 두께 0.8
최정해 기증
p.194

011
H2098d
짧은 목 항아리
短頸壺
Short-necked Jar
백제
높이 17.8, 입지름 14.5, 바닥지름 8.0, 최대지름 19.5
김리나 기증
p.210

012
H2162d
짧은 목 항아리
短頸壺
Short-necked Jar
백제
높이 28.3, 입지름 12.5, 바닥지름 9.5, 최대지름 26.2
유경지 기증
p.230

013
H2163d
청자 주전자편
青瓷注子片
A Piece of Celadon Ewer
송
현재길이 8.1, 현재너비 8.9
성기인 기증
p.220

014
H2164d
청자 대접편
青瓷碗片
A Piece of Celadon Bowl
남송
높이 3.4, 바닥지름 4.7, 현재너비 10.4
성기인 기증
p.220

015
H2165d
백자 청화 접시편
白瓷青花盤片
A Piece of Blue and White Porcelain Dish
명
현재높이 3.1, 현재길이 10.6, 현재너비 12.5
성기인 기증
p.221

016
H2166d
청자편
青瓷片
A Piece of Celadon
송
현재길이 5.4, 현재너비 4.7
성기인 기증
p.221

017
H2167d
청자편
青瓷片
A Piece of Celadon
현재길이 6.2, 현재너비 6.7
성기인 기증
p.222

018
H2168d
청자편
青瓷片
Pieces of Celadon
2-1: 현재높이 1.9, 바닥지름 4.9, 현재길이 5.4, 현재너비 7.1
2-2: 현재길이 4.1, 현재너비 5.5
성기인 기증
p.222

019
H2169d
조선고적도보(4)
朝鮮古蹟圖譜(四)
Joseongojeokdobo
(Photo Book of Cultural Assets
of the Joseon Dynasty), Volume 4
일제강점기 1916년
길이 42.0, 너비 31.0, 두께 2.1
김리나 기증
p.198

020
H2170d
조선고적도보(4)
朝鮮古蹟圖譜(四)
Joseongojeokdobo
(Photo Book of Cultural Assets
of the Joseon Dynasty), Volume 4
일제강점기 1916년
길이 41.9, 너비 30.9, 두께 2.0
김리나 기증
p.199

021
H2171d
조선고적도보(6)
朝鮮古蹟圖譜(六)
Joseongojeokdobo
(Photo Book of Cultural Assets
of the Joseon Dynasty), Volume 6
일제강점기 1918년
길이 41.5, 너비 30.9, 두께 2.7
김리나 기증
p.200

022
H2172d
조선고적도보(7)
朝鮮古蹟圖譜(七)
Joseongojeokdobo
(Photo Book of Cultural Assets
of the Joseon Dynasty), Volume 7
일제강점기 1920년
길이 41.5, 너비 30.6, 두께 2.4
김리나 기증
p.201

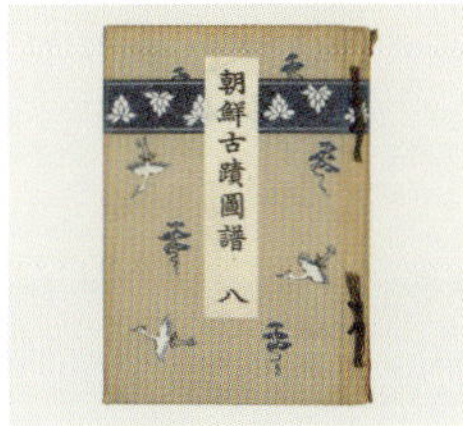

023
H2173d
조선고적도보(8)
朝鮮古蹟圖譜(八)
Joseongojeokdobo
(Photo Book of Cultural Assets
of the Joseon Dynasty), Volume 8
일제강점기 1928년
길이 42.2, 너비 30.5, 두께 2.8
김리나 기증
p.202

024
H2174d
조선고적도보(9)
朝鮮古蹟圖譜(九)
Joseongojeokdobo
(Photo Book of Cultural Assets
of the Joseon Dynasty), Volume 9
일제강점기 1929년
길이 41.3, 너비 31.0, 두께 3.0
김리나 기증
p.203

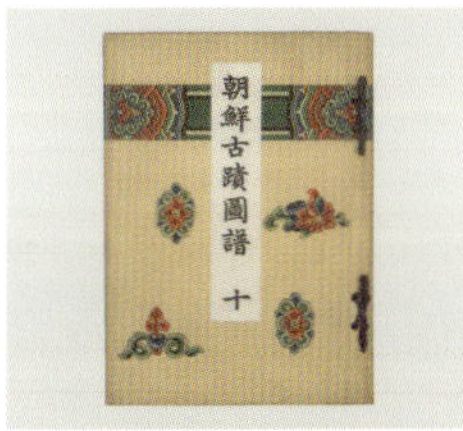

025
H2175d
조선고적도보(10)
朝鮮古蹟圖譜(十)
Joseongojeokdobo
(Photo Book of Cultural Assets
of the Joseon Dynasty), Volume 10
일제강점기 1930년
길이 41.6, 너비 31.1, 두께 3.2
김리나 기증
p.204

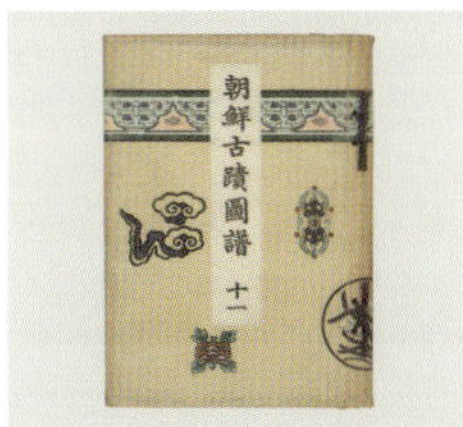

026
H2176d
조선고적도보(11)
朝鮮古蹟圖譜(十一)
Joseongojeokdobo
(Photo Book of Cultural Assets
of the Joseon Dynasty), Volume 11
일제강점기 1931년
길이 41.4, 너비 30.9, 두께 3.4
김리나 기증
p.205

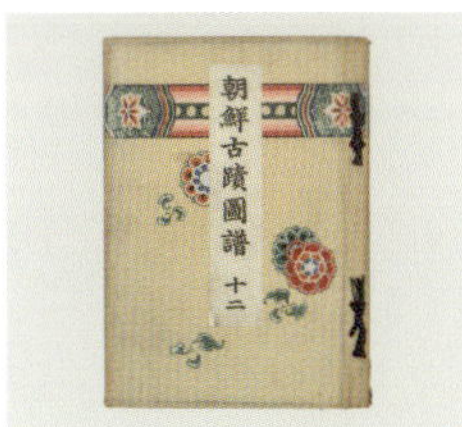

027
H2177d
조선고적도보(12)
朝鮮古蹟圖譜(十二)
Joseongojeokdobo
(Photo Book of Cultural Assets
of the Joseon Dynasty), Volume 12
일제강점기 1932년
길이 41.3, 너비 30.8, 두께 2.4
김리나 기증
p.206

028
H2178d
조선고적도보(13)
朝鮮古蹟圖譜(十三)
Joseongojeokdobo
(Photo Book of Cultural Assets
of the Joseon Dynasty), Volume 13
일제강점기 1933년
길이 41.6, 너비 30.6, 두께 3.5
김리나 기증
p.207

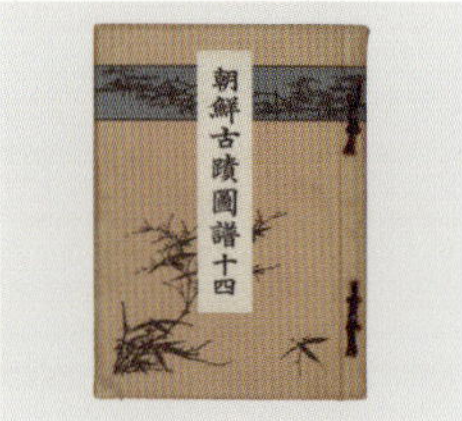

029
H2179d
조선고적도보(14)
朝鮮古蹟圖譜(十四)
Joseongojeokdobo
(Photo Book of Cultural Assets
of the Joseon Dynasty), Volume 14
일제강점기 1934년
길이 41.1, 너비 30.6, 두께 4.2
김리나 기증
p.208

030
H2180d
조선고적도보(15)
朝鮮古蹟圖譜(十五)
Joseongojeokdobo
(Photo Book of Cultural Assets
of the Joseon Dynasty), Volume 15
일제강점기 1935년
길이 41.1, 너비 30.6, 두께 3.8
김리나 기증
p.209

031
H2181d
굽다리 사발
臺附盌
Mounted Bowl
신라
높이 12.6, 입지름 13.0, 바닥지름 8.4
민관기 기증
p.226

032
H2182d
뚜껑 있는 굽다리 접시
有蓋高杯
Mounted Dish with Lid
신라
전체높이 11.0
접시: 높이 7.6, 입지름 8.5, 바닥지름 6.9, 최대지름 10.0
뚜껑: 높이 3.7, 지름 19.2
민관기 기증
p.226

033
H2183d
잔 받침
杯臺
Cup Stand
신라
높이 9.5, 입지름 13.2, 바닥지름 11.7
김규옥 기증
p.227

034
H2184d
바리
鉢
Bowl
신라
높이 12.7, 입지름 14.2, 바닥지름 10.0, 최대지름 14.5
김남주 기증
p.234

035
H2213d
강서대묘 청룡 모사도
江西大墓青龍模寫圖
Blue Dragon in Gangseodaemyo Tomb (Replica)
북한 1990년대
가로 316.0, 세로 206.0
김영엽 기증
p.122

036
H2214d
강서대묘 백호 모사도
江西大墓白虎模寫圖
White Tiger in Gangseodaemyo Tomb (Replica)
북한 1990년대
가로 316.0, 세로 206.0
김영엽 기증
p.123

037
H2215d
강서대묘 널방 모사도
江西大墓玄室模寫圖
Main chamber in Gangseodaemyo Tomb (Replica)
북한 1990년대
가로 316.0, 세로 193.0
김영엽 기증
p.124

038
H2216d
강서대묘 주작 모사도
江西大墓朱雀模寫圖
Red Phoenix in Gangseodaemyo Tomb (Replica)
북한 1990년대
가로 91.3, 세로 184.8
김영엽 기증
p.125

039
H2217d
강서대묘 주작 모사도
江西大墓朱雀模寫圖
Red Phoenix in Gangseodaemyo Tomb (Replica)
북한 1990년대
가로 109.8, 세로 195.1
김영엽 기증
p.126

040
H2218d
강서중묘 청룡 모사도
江西中墓青龍模寫圖
Blue Dragon in Gangseojungmyo Tomb (Replica)
북한 1990년대
가로 306.0, 세로 185.0
김영엽 기증
p.127

041
H2219d
강서중묘 백호 모사도
江西中墓白虎模寫圖
White Tiger in Gangseojungmyo Tomb (Replica)
북한 1990년대
가로 306.0, 세로 186.0
김영엽 기증
p.128

042
H2220d
강서중묘 현무 모사도
江西中墓玄武模寫圖
Black Tortoise in Gangseojungmyo Tomb (Replica)
북한 1990년대
가로 304.0, 세로 185.0
김영엽 기증
p.129

043
H2221d
강서중묘 주작 모사도
江西中墓朱雀模寫圖
Red Phoenix in Gangseojungmyo Tomb (Replica)
북한 1990년대
가로 91.0, 세로 185.5
김영엽 기증
p.130

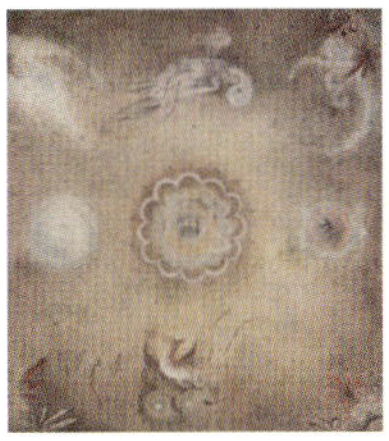

044
H2222d
강서중묘 천장화 모사도
江西中墓天障畵模寫圖
Ceiling Painting in Gangseojungmyo Tomb (Replica)
북한 1990년대
가로 175.0, 세로 191.0
김영엽 기증
p.131

045
H2223d
쌍영총 무덤 주인 부부 모사도
雙楹塚墓主夫婦模寫圖
Painting of the Tomb Owner Couple
in Ssangyeongchong Tomb (Replica)
북한 1990년대
가로 273.0, 세로 177.0
김영엽 기증
p.132

046
H2224d
쌍영총 여인 모사도
雙楹塚女人模寫圖
Women in Ssangyeongchong Tomb (Replica)
북한 1990년대
가로 59.0, 세로 117.0
김영엽 기증
p.133

047
H2225d
쌍영총 널방 모사도
雙楹塚玄室模寫圖
A Pair of the Octagonal Pillars
in Ssangyeongchong Tomb (Replica)
북한 1990년대
가로 185.0, 세로 206.0
김영엽 기증
p.134

048
H2226d
쌍영총 천장화 모사도
雙楹塚天障畵模寫圖
Ceiling Painting in Ssangyeongchong Tomb (Replica)
북한 1990년대
가로 179.0, 세로 192.0
김영엽 기증
p.135

049
H2227d
호남리사신총 청룡 모사도
湖南里四神塚青龍模寫圖
Blue Dragon in Honamri Sasinchong Tomb (Replica)
북한 1990년대
가로 306.0, 세로 185.0
김영엽 기증
p.136

050
H2228d
호남리사신총 백호 모사도
湖南里四神塚白虎模寫圖
White Tiger in Honamri Sasinchong Tomb (Replica)
북한 1990년대
가로 306.0, 세로 186.0
김영엽 기증
p.137

051
H2229d
호남리사신총 현무 모사도
湖南里四神塚玄武模寫圖
Black Tortoise in Honamri Sasinchong Tomb (Replica)
북한 1990년대
가로 352.0, 세로 185.0
김영엽 기증
p.138

052
H2230d
호남리사신총 주작 모사도
湖南里四神塚朱雀模寫圖
Red Phoenix in Honamri Sasinchong Tomb (Replica)
북한 1990년대
가로 128.0, 세로 182.0
김영엽 기증
p.139

053
H2231d
진파리1호분 청룡 모사도
眞坡里一號墳青龍模寫圖
Blue Dragon in Jinpari Tomb No.1 (Replica)
북한 1990년대
가로 331.0, 세로 156.0
김영엽 기증
p.140

054
H2232d
진파리1호분 새와 구름 모사도
眞坡里一號墳鳥雲模寫圖
Bird and cloud in Jinpari Tomb No.1 (Replica)
북한 1990년대
가로 161.0, 세로 61.0
김영엽 기증
p.141

055
H2233d
진파리1호분 백호 모사도
眞坡里一號墳白虎模寫圖
White Tiger in Jinpari Tomb No.1 (Replica)
북한 1990년대
가로 336.0, 세로 158.0
김영엽 기증
p.142

056
H2234d
진파리1호분 현무 모사도
眞坡里一號墳玄武模寫圖
Black Tortoise in Jinpari Tomb No.1 (Replica)
북한 1990년대
가로 257.0, 세로 166.0
김영엽 기증
p.143

057
H2235d

진파리1호분 해와 달 모사도
眞坡里一號墳日月模寫圖
Sun and Moon in Jinpari Tomb No.1 (Replica)
북한 1990년대
가로 149.0, 세로 200.0
김영엽 기증

p.144

058
H2236d

진파리4호분 백호 모사도
眞坡里四號墳白虎模寫圖
White Tiger in Jinpari Tomb No.4 (Replica)
북한 1990년대
가로 201.0, 세로 158.0
김영엽 기증

p.145

059
H2237d

진파리4호분 연못 모사도
眞坡里四號墳蓮池模寫圖
Lotus Pond in Jinpari Tomb No.4 (Replica)
북한 1990년대
가로 243.0, 세로 167.0
김영엽 기증

p.146

060
H2238d

진파리4호분 천장화 모사도
眞坡里四號墳天障畵模寫圖
Ceiling Painting in Jinpari Tomb No.4 (Replica)
북한 1990년대
가로 156.0, 세로 108.0
김영엽 기증

p.147

061
H2239d

진파리4호분 천장화 모사도
眞坡里四號墳天障畵模寫圖
Ceiling Painting in Jinpari Tomb No.4 (Replica)
북한 1990년대
가로 180.0, 세로 108.0
김영엽 기증

p.148

062
H2240d

진파리4호분 천장화 모사도
眞坡里四號墳天障畵模寫圖
Ceiling Painting in Jinpari Tomb No.4 (Replica)
북한 1990년대
가로 93.0, 세로 105.0
김영엽 기증

p.149

063
H2241d

안악1호분 사냥 모사도
安岳一號墳狩獵模寫圖
Hunting scene in Anak Tomb No.1 (Replica)
북한 1990년대
가로 268.0, 세로 178.0
김영엽 기증

p.150

064
H2242d

안악1호분 천장화 모사도
安岳一號墳天障畵模寫圖
Ceiling Painting in Anak Tomb No.1 (Replica)
북한 1990년대
가로 183.0, 세로 110.0
김영엽 기증

p.151

065
H2243d

안악1호분 천장화 모사도
安岳一號墳天障畵模寫圖
Ceiling Painting in Anak Tomb No.1 (Replica)
북한 1990년대
가로 183.0, 세로 115.0
김영엽 기증

p.152

066
H2244d

안악1호분 천장화 모사도
安岳一號墳天障畵模寫圖
Ceiling Painting in Anak Tomb No.1 (Replica)
북한 1990년대
가로 182.0, 세로 110.0
김영엽 기증

p.153

067
H2245d

안악2호분 비천 모사도
安岳二號墳飛天模寫圖
Apsaras in Anak Tomb No.2 (Replica)
북한 1990년대
가로 81.0, 세로 57.0
김영엽 기증

p.154

068
H2246d

안악2호분 문지기 모사도
安岳二號墳守門將模寫圖
Gate Guard in Anak Tomb No.2 (Replica)
북한 1990년대
가로 126.0, 세로 192.0
김영엽 기증

p.155

069
H2247d

안악2호분 천장화 모사도
安岳二號墳天障畵模寫圖
Ceiling Painting in Anak Tomb No.2 (Replica)
북한 1990년대
가로 128.0, 세로 180.0
김영엽 기증

p.156

070
H2248d

안악3호분 무덤 주인과 시종들 모사도
安岳三號墳墓主·侍從模寫圖
Scene of the Nobleman Governing in Anak Tomb No.3 (Replica)
북한 1990년대
가로 312.0, 세로 186.0
김영엽 기증

p.157

071
H2249d
안악3호분 무덤 주인의 부인과 시종들 모사도
安岳三號墳墓主婦人·侍從模寫圖
Noblewoman and Her Maids in Anak Tomb No.3 (Replica)
북한 1990년대
가로 165.0, 세로 197.0
김영엽 기증
p.158

072
H2250d
안악3호분 장하독 모사도
安岳三號墳帳下督模寫圖
Milltary Aide-de-camp in Anak Tomb No.3 (Replica)
북한 1990년대
가로 90.0, 세로 212.0
김영엽 기증
p.159

073
H2251d
안악3호분 의장기수 모사도
安岳三號墳儀仗旗手模寫圖
Standard Bearers in Anak Tomb No.3 (Replica)
북한 1990년대
가로 138.0, 세로 70.0
김영엽 기증
p.160

074
H2252d
안악3호분 수박희 모사도
安岳三號墳手搏戱模寫圖
Subakhee(Unarmed sparring) in Anak Tomb No.3 (Replica)
북한 1990년대
가로 106.8, 세로 184.5
김영엽 기증
p.161

075
H2253d
안악3호분 대행렬 모사도
安岳三號墳大行列模寫圖
Grand Procession scene in Anak Tomb No.3 (Replica)
북한 1990년대
가로 398.0, 세로 165.0
김영엽 기증
pp. 162 - 163

076
H2254d
안악3호분 우물 모사도
安岳三號墳井模寫圖
Well in Anak Tomb No.3 (Replica)
북한 1990년대
가로 108.0, 세로 173.0
김영엽 기증
p.164

077
H2255d
안악3호분 부엌 모사도
安岳三號墳廚房模寫圖
Kitchen in Anak Tomb No.3 (Replica)
북한 1990년대
가로 291.0, 세로 172.0
김영엽 기증
p.165

078
H2256d
안악3호분 외양간 모사도
安岳三號墳牛舍模寫圖
Cow-shed in Anak Tomb No.3 (Replica)
북한 1990년대
가로 123.0, 세로 180.0
김영엽 기증
p.166

079
H2257d
안악3호분 마구간 모사도
安岳三號墳馬廏間模寫圖
Stable in Anak Tomb No.3 (Replica)
북한 1990년대
가로 109.0, 세로 182.0
김영엽 기증
p.167

080
H2258d
안악3호분 방앗간 모사도
安岳三號墳精米所模寫圖
Mill in Anak Tomb No.3 (Replica)
북한 1990년대
가로 55.0, 세로 168.0
김영엽 기증
p.168

081
H2259d
대안리1호분 인물군상 모사도
大安里一號墳人物群像模寫圖
Group of People in Daeanri Tomb No.1 (Replica)
북한 1990년대
가로 319.0, 세로 209.0
김영엽 기증
p.169

082
H2260d
대안리1호분 청룡 모사도
大安里一號墳青龍模寫圖
Blue Dragon in Daeanri Tomb No.1 (Replica)
북한 1990년대
가로 322.0, 세로 215.0
김영엽 기증
p.170

083
H2261d
약수리고분 청룡 모사도
藥水里古墳青龍模寫圖
Blue Dragon in Yaksuri Tomb (Replica)
북한 1990년대
가로 330.0, 세로 244.0
김영엽 기증
p.171

084
H2262d
약수리고분 주작 모사도
藥水里古墳朱雀模寫圖
Red Phoenix in Yaksuri Tomb (Replica)
북한 1990년대
가로 304.0, 세로 243.0
김영엽 기증
p.172

085
H2263d
약수리고분 현무와 무덤 주인 부부 모사도
藥水里古墳玄武·墓主夫婦模寫圖
Black Tortoise and the Tomb Owner Couple in Yaksuri Tomb (Replica)
북한 1990년대
가로 304.0, 세로 271.0
김영업 기증
p.173

086
H2264d
약수리고분 행렬 모사도
藥水里古墳行列模寫圖
Procession scene in Yaksuri Tomb (Replica)
북한 1990년대
가로 283.0, 세로 129.0
김영업 기증
pp. 174 - 175

087
H2265d
약수리고분 사냥 모사도
藥水里古墳狩獵模寫圖
Hunting scene in Yaksuri Tomb (Replica)
북한 1990년대
가로 380.0, 세로 119.0
김영업 기증
pp. 176 - 177

088
H2266d
수산리고분 여자 시종 모사도
水山里古墳女子侍從模寫圖
Two Female Attendants in Susanri Tomb (Replica)
북한 1990년대
가로 67.0, 세로 99.0
김영업 기증
p.178

089
H2267d
수산리고분 남자 시종 모사도
水山里古墳男子侍從模寫圖
Two Male Attendants in Susanri Tomb (Replica)
북한 1990년대
가로 53.0, 세로 86.0
김영업 기증
p.179

090
H2268d
수산리고분 문지기 모사도
水山里古墳守門將模寫圖
Gate Guard in Susanri Tomb (Replica)
북한 1990년대
가로 108.0, 세로 174.0
김영업 기증
p.180

091
H2269d
덕화리1호분 청룡 모사도
德化里一號墳青龍模寫圖
Blue Dragon in Deokhwari Tomb No.1 (Replica)
북한 1990년대
가로 292.0, 세로 156.0
김영업 기증
p.181

092
H2270d
덕화리1호분 백호 모사도
德化里一號墳白虎模寫圖
White Tiger in Deokhwari Tomb No.1 (Replica)
북한 1990년대
가로 292.0, 세로 155.0
김영업 기증
p.182

093
H2271d
덕화리1호분 현무와 인물군상 모사도
德化里一號墳玄武·人物群像模寫圖
Black Tortoise and Group of People in Deokhwari Tomb No.1 (Replica)
북한 1990년대
가로 207.0, 세로 189.0
김영업 기증
p.183

094
H2272d
덕화리1호분 천장화 모사도
德化里一號墳天障畫模寫圖
Ceiling Painting in Deokhwari Tomb No.1 (Replica)
북한 1990년대
가로 244.0, 세로 196.0
김영업 기증
p.184

095
H2273d
덕화리2호분 천장화 모사도
德化里二號墳天障畫模寫圖
Ceiling Painting in Deokhwari Tomb No.2 (Replica)
북한 1990년대
가로 246.0, 세로 144.0
김영업 기증
p.185

096
H2274d
덕화리2호분 천장화 모사도
德化里二號墳天障畫模寫圖
Ceiling Painting in Deokhwari Tomb No.2 (Replica)
북한 1990년대
가로 245.0, 세로 148.0
김영업 기증
p.186

097
H2275d
흑자 대접
黑瓷碗
Black-glazed Bowl
남송
높이 7.1, 입지름 12.1, 바닥지름 4.2
진경요(陳憬燿) 기증
p.88

098
H2276d
흑자 대접
黑瓷碗
Black-glazed Bowl
북송
높이 7.6, 입지름 12.6, 바닥지름 4.4
진경요(陳憬燿) 기증
p.89

099
H2277d
흑자 대접
黑瓷碗
Black-glazed Bowl
남송
높이 6.5, 입지름 14.8, 바닥지름 4.4
진경요(陳懷耀) 기증
p.89

100
H2278d
흑자 토끼털무늬 대접
黑瓷兔毫紋碗
Black-glazed Bowl with Rabbit Hair Streak Design
송
높이 6.8, 입지름 12.2, 바닥지름 4.0
진경요(陳懷耀) 기증
p.82

101
H2279d
흑자 토끼털무늬 대접
黑瓷兔毫紋碗
Black-glazed Bowl with Rabbit Hair Streak Design
송
높이 7.1, 입지름 12.0, 바닥지름 4.0
진경요(陳懷耀) 기증
p.82

102
H2280d
흑자 토끼털무늬 대접
黑瓷兔毫紋碗
Black-glazed Bowl with Rabbit Hair Streak Design
송
높이 5.4, 입지름 11.7, 바닥지름 3.9
진경요(陳懷耀) 기증
p.83

103
H2281d
흑자 토끼털무늬 대접
黑瓷兔毫紋碗
Black-glazed Bowl with Rabbit Hair Streak Design
송
높이 5.4, 입지름 12.7, 바닥지름 3.9
진경요(陳懷耀) 기증
p.83

104
H2282d
장유 토끼털무늬 대접
醬釉兔毫紋碗
Brown-glazed Bowl with Rabbit Hair Streak Design
남송
높이 6.2, 입지름 12.2, 바닥지름 3.9
진경요(陳懷耀) 기증
p.88

105
H2283d
흑자 토끼털무늬 대접
黑瓷兔毫紋碗
Black-glazed Bowl with Rabbit Hair Streak Design
남송
높이 5.8, 입지름 13.0, 바닥지름 4.3
진경요(陳懷耀) 기증
p.84

106
H2284d
흑자 토끼털무늬 대접
黑瓷兔毫紋碗
Black-glazed Bowl with Rabbit Hair Streak Design
남송
높이 5.8, 입지름 12.8, 바닥지름 3.8
진경요(陳懷耀) 기증
p.84

107
H2285d
흑자 토끼털무늬 대접
黑瓷兔毫紋碗
Black-glazed Bowl with Rabbit Hair Streak Design
남송
높이 5.7, 입지름 10.7, 바닥지름 3.7
진경요(陳懷耀) 기증
p.85

108
H2286d
흑자 토끼털무늬 대접
黑瓷兔毫紋碗
Black-glazed Bowl with Rabbit Hair Streak Design
남송
높이 5.8, 입지름 11.6, 바닥지름 3.7
진경요(陳懷耀) 기증
p.85

109
H2287d
흑자 대접
黑瓷碗
Black-glazed Bowl
남송
높이 4.4, 입지름 11.7, 바닥지름 4.0
진경요(陳懷耀) 기증
p.90

110
H2288d
흑자 토끼털무늬 대접
黑瓷兔毫紋碗
Black-glazed Bowl with Rabbit Hair Streak Design
송
높이 5.1, 입지름 11.0, 바닥지름 3.1
진경요(陳懷耀) 기증
p.86

111
H2289d
흑자 토끼털무늬 대접
黑瓷兔毫紋碗
Black-glazed Bowl with Rabbit Hair Streak Design
송
높이 4.6, 입지름 11.5, 바닥지름 3.1
진경요(陳懷耀) 기증
p.86

112
H2290d
흑자 토끼털무늬 잔
黑瓷兔毫紋盞
Black-glazed Cup with Rabbit Hair Streak Design
남송
높이 4.6, 입지름 9.8, 바닥지름 3.5
진경요(陳懷耀) 기증
p.92

113
H2291d
흑자 토끼털무늬 잔
黑瓷兎毫紋盞
Black-glazed Cup with Rabbit Hair Streak Design
남송
높이 4.3, 입지름 9.7, 바닥지름 3.4
진경요(陳懷耀) 기증
p.93

114
H2292d
흑자 토끼털무늬 잔
黑瓷兎毫紋盞
Black-glazed Cup with Rabbit Hair Streak Design
남송
높이 4.4, 입지름 9.7, 바닥지름 3.4
진경요(陳懷耀) 기증
p.93

115
H2293d
흑자 잔
黑瓷盞
Black-glazed Cup
남송
높이 5.0, 입지름 10.3, 바닥지름 3.7
진경요(陳懷耀) 기증
p.96

116
H2294d
흑자 잔
黑瓷盞
Black-glazed Cup
남송
높이 4.4, 입지름 9.7, 바닥지름 3.3
진경요(陳懷耀) 기증
p.96

117
H2295d
흑자 잔
黑瓷盞
Black-glazed Cup
남송
높이 4.4, 입지름 9.7, 바닥지름 3.3
진경요(陳懷耀) 기증
p.97

118
H2296d
흑자 토끼털무늬 잔
黑瓷兎毫紋盞
Black-glazed Cup with Rabbit Hair Streak Design
남송
높이 4.1, 입지름 9.3, 바닥지름 3.3
진경요(陳懷耀) 기증
p.94

119
H2297d
흑자 잔
黑瓷盞
Black-glazed Cup
남송
높이 3.9, 입지름 9.3, 바닥지름 3.4
진경요(陳懷耀) 기증
p.97

120
H2298d
흑자 토끼털무늬 잔
黑瓷兎毫紋盞
Black-glazed Cup with Rabbit Hair Streak Design
남송
높이 4.3, 입지름 9.1, 바닥지름 3.2
진경요(陳懷耀) 기증
p.94

121
H2299d
흑자 토끼털무늬 잔
黑瓷兎毫紋盞
Black-glazed Cup with Rabbit Hair Streak Design
남송
높이 4.9, 입지름 8.9, 바닥지름 3.4
진경요(陳懷耀) 기증
p.95

122
H2300d
흑자 잔
黑瓷盞
Black-glazed Cup
남송
높이 3.9, 입지름 9.2, 바닥지름 3.0
진경요(陳懷耀) 기증
p.98

123
H2301d
흑자 잔
黑瓷盞
Black-glazed Cup
남송
높이 4.5, 입지름 8.8, 바닥지름 3.4
진경요(陳懷耀) 기증
p.98

124
H2302d
흑자 잔
黑瓷盞
Black-glazed Cup
남송
높이 4.4, 입지름 8.8, 바닥지름 3.4
진경요(陳懷耀) 기증
p.99

125
H2303d
흑자 토끼털무늬 잔
黑瓷兎毫紋盞
Black-glazed Cup with Rabbit Hair Streak Design
남송
높이 4.3, 바닥지름 3.2, 현재너비 9.5
진경요(陳懷耀) 기증
p.95

126
H2304d
흑자 잔
黑瓷盞
Black-glazed Cup
남송
높이 5.2, 입지름 10.1, 바닥지름 3.8
진경요(陳懷耀) 기증
p.99

127
H2305d
흑자 잔
黑瓷盞
Black-glazed Cup
남송
높이 5.2, 입지름 10.2, 바닥지름 4.0
진경요(陳憬耀) 기증
p.100

128
H2306d
흑자 잔
黑瓷盞
Black-glazed Cup
남송
높이 4.4, 입지름 10.0, 바닥지름 3.6
진경요(陳憬耀) 기증
p.100

129
H2307d
흑자 잔
黑瓷盞
Black-glazed Cup
남송
높이 4.3, 입지름 9.2, 바닥지름 3.5
진경요(陳憬耀) 기증
p.101

130
H2308d
흑자 잔
黑瓷盞
Black-glazed Cup
남송
높이 4.2, 입지름 9.2, 바닥지름 3.6
진경요(陳憬耀) 기증
p.101

131
H2309d
흑자 잔
黑瓷盞
Black-glazed Cup
남송
높이 3.6, 바닥지름 3.6, 현재너비 9.2
진경요(陳憬耀) 기증
p.102

132
H2310d
흑자 잔
黑瓷盞
Black-glazed Cup
남송
높이 4.0, 입지름 8.8, 바닥지름 3.3
진경요(陳憬耀) 기증
p.102

133
H2311d
흑자 잔
黑瓷盞
Black-glazed Cup
남송
높이 4.5, 바닥지름 3.6, 현재너비 9.7
진경요(陳憬耀) 기증
p.103

134
H2312d
흑자 잔
黑瓷盞
Black-glazed Cup
남송
높이 4.2, 바닥지름 3.3, 현재너비 9.0
진경요(陳憬耀) 기증
p.103

135
H2313d
흑자 잔
黑瓷盞
Black-glazed Cup
남송
높이 4.1, 입지름 9.0, 바닥지름 3.4
진경요(陳憬耀) 기증
p.104

136
H2314d
흑자 잔
黑瓷盞
Black-glazed Cup
남송
높이 3.9, 입지름 9.9, 바닥지름 3.5
진경요(陳憬耀) 기증
p.104

137
H2315d
흑자 잔
黑瓷盞
Black-glazed Cup
남송
높이 3.5, 입지름 9.7, 바닥지름 3.6
진경요(陳憬耀) 기증
p.105

138
H2316d
흑자 잔
黑瓷盞
Black-glazed Cup
남송
높이 4.5, 바닥지름 3.3, 현재너비 8.2
진경요(陳憬耀) 기증
p.105

139
H2317d
흑자 잔
黑瓷盞
Black-glazed Cup
남송
높이 4.7, 바닥지름 4.3, 현재너비 8.7
진경요(陳憬耀) 기증
p.106

140
H2318d
흑자 대접
黑瓷碗
Black-glazed Bowls
남송
2-1: 현재높이 5.4, 바닥지름 3.9, 현재너비 12.7
2-2: 높이 6.8, 바닥지름 4.0, 현재너비 12.2
진경요(陳憬耀) 기증
p.90

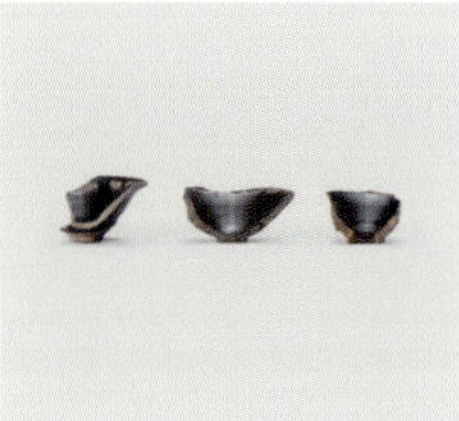

141
H2319d
흑자 대접
黑瓷碗
Black-glazed Bowls
남송
3-1: 높이 6.5, 바닥지름 3.2, 현재너비 11.0
3-3: 높이 4.3, 바닥지름 3.3, 현재너비 7.4
진경요(陳憬耀) 기증
p.91

142
H2320d
흑자 대접
黑瓷碗
Black-glazed Bowls
남송
3-1: 높이 5.4, 바닥지름 3.9, 현재너비 13.1
3-3: 높이 6.7, 바닥지름 3.6, 현재너비 9.9
진경요(陳憬耀) 기증
p.91

143
H2321d
흑자 대접
黑瓷碗
Black-glazed Bowls
송
3-1: 높이 6.4, 바닥지름 3.9, 현재너비 9.4
3-3: 높이 5.4, 바닥지름 3.4, 현재너비 8.1
진경요(陳憬耀) 기증
p.92

144
H2322d
흑자 토끼털무늬 대접
黑瓷兎毫紋碗
Black-glazed Bowls
with Rabbit Hair Streak Design
송
3-1: 높이 7.7, 현재너비 11.1
3-3: 높이 8.2, 바닥지름 3.7, 현재너비 8.5
진경요(陳憬耀) 기증
p.87

145
H2323d
흑자 토끼털무늬 대접
黑瓷兎毫紋碗
Black-glazed Bowls
with Rabbit Hair Streak Design
송
4-1: 높이 5.6, 바닥지름 3.9, 현재너비 11.2
4-4: 높이 4.5, 바닥지름 3.6, 현재너비 5.8
진경요(陳憬耀) 기증
p.87

146
H2324d
흑자 토끼털무늬 대접편
黑瓷兎毫紋碗片
Pieces of Black-glazed Bowl
with Rabbit Hair Streak Design
남송
4-1: 현재길이 7.9, 현재너비 10.7
4-4: 현재길이 6.9, 현재너비 8.8
진경요(陳憬耀) 기증
p.113

147
H2325d
흑자 토끼털무늬 대접편
黑瓷兎毫紋碗片
Pieces of Black-glazed Bowl
with Rabbit Hair Streak Design
남송
4-1: 현재길이 8.6, 현재너비 10.9
4-4: 현재길이 5.5, 현재너비 7.7
진경요(陳憬耀) 기증
p.114

148
H2326d
흑자 토끼털무늬 대접편
黑瓷兎毫紋碗片
Pieces of Black-glazed Bowl
with Rabbit Hair Streak Design
남송
3-1: 현재길이 7.8, 현재너비 10.4
3-3: 현재길이 8.0, 현재너비 7.8
진경요(陳憬耀) 기증
p.114

149
H2327d
흑자 토끼털무늬 대접편
黑瓷兎毫紋碗片
Pieces of Black-glazed Bowl
with Rabbit Hair Streak Design
남송
5-1: 높이 6.3, 현재길이 9.9, 현재너비 9.6
5-5: 현재길이 6.7, 현재너비 6.2
진경요(陳憬耀) 기증
p.115

150
H2328d
흑자 토끼털무늬 대접편
黑瓷兎毫紋碗片
Pieces of Black-glazed Bowl
with Rabbit Hair Streak Design
남송
5-1: 현재길이 7.5, 현재너비 8.8
5-5: 현재길이 4.6, 현재너비 6.3
진경요(陳憬耀) 기증
p.115

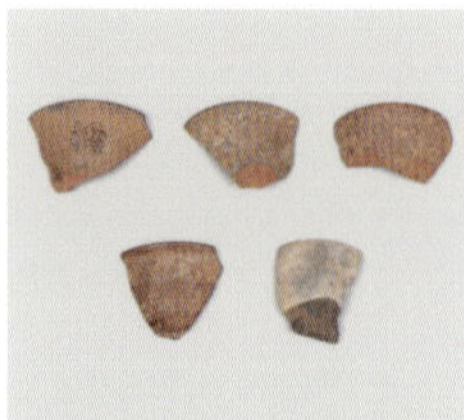

151
H2329d
흑자 대접편
黑瓷碗片
Pieces of Black-glazed Bowl
송
5-1: 현재길이 6.1, 현재너비 8.5
5-5: 높이 4.6, 현재길이 6.7, 현재너비 6.0
진경요(陳憬耀) 기증
p.118

152
H2330d
흑자 토끼털무늬 대접편
黑瓷兎毫紋碗片
Pieces of Black-glazed Bowl
with Rabbit Hair Streak Design
남송
3-1: 현재길이 7.8, 현재너비 7.6
3-3: 현재길이 5.9, 현재너비 5.4
진경요(陳憬耀) 기증
p.116

153
H2331d
흑자 대접편
黑瓷碗片
Pieces of Black-glazed Bowl
남송
5-1: 현재길이 5.5, 현재너비 7.6
5-5: 현재길이 3.8, 현재너비 3.7
진경요(陳憬耀) 기증
p.119

154
H2332d
흑자 토끼털무늬 대접편
黑瓷兎毫紋碗片
Pieces of Black-glazed Bowl
with Rabbit Hair Streak Design
남송
6-1: 현재길이 7.0, 현재너비 4.8
6-6: 현재길이 2.8, 현재너비 6.1
진경요(陳憬耀) 기증
p.116

155
H2333d

흑자 토끼털무늬 대접편
黑瓷兎毫紋碗片
Pieces of Black-glazed Bowl
with Rabbit Hair Streak Design

p.117

남송
6-1: 현재높이5.5, 바닥지름4.1, 현재너비10.9
6-6: 현재높이3.2 현재길이5.3 현재너비5.7
진경요(陳憬耀) 기증

156
H2334d

흑자 토끼털무늬 대접편
黑瓷兎毫紋碗片
Pieces of Black-glazed Bowl
with Rabbit Hair Streak Design

p.117

남송
5-1: 현재높이5.5, 바닥지름4.0, 현재너비11.4
5-5: 현재높이5.1, 바닥지름3.0, 현재너비5.7
진경요(陳憬耀) 기증

157
H2335d

흑자 토끼털무늬 대접편
黑瓷兎毫紋碗片
Pieces of Black-glazed Bowl
with Rabbit Hair Streak Design

p.118

남송
4-1: 현재높이4.5, 바닥지름4.2, 현재너비9.3
4-4: 현재높이4.1, 바닥지름3.4, 현재너비7.9
진경요(陳憬耀) 기증

158
H2336d

흑자 대접편
黑瓷碗片
Pieces of Black-glazed Bowl

p.119

남송
4-1: 현재높이4.1, 바닥지름4.1, 현재너비10.2
4-4: 현재높이3.2, 바닥지름3.6, 현재너비7.6
진경요(陳憬耀) 기증

159
H2337d

깔대기형 갑발
漏斗形匣鉢
Funnel Saggar

p.106

송
높이14.2, 입지름18.2
진경요(陳憬耀) 기증

160
H2338d

깔대기형 갑발
漏斗形匣鉢
Funnel Saggar

p.107

송
높이10.2, 입지름16.6
진경요(陳憬耀) 기증

161
H2339d

깔대기형 갑발
漏斗形匣鉢
Funnel Saggar

p.107

송
높이10.4, 입지름16.3
진경요(陳憬耀) 기증

162
H2340d

‘공어’·‘진잔’이 찍힌 받침
‘供御’·‘進琖’銘墊餠
Round Bisque Setters
with Stamped Inscription of ‘供御’·‘進琖’

p.108

송
7-1: 높이1.6, 현재너비7.7
7-7: 높이1.5, 현재너비4.8
진경요(陳憬耀) 기증

163
H2341d

갑발붙은 흑자 토끼털무늬 대접
黑瓷兎毫紋碗帶匣鉢
Black-glazed Bowl
with Rabbit Hair Streak Design Adhered to Saggar

p.111

남송
현재높이7.8, 바닥지름3.7, 현재너비12.3
진경요(陳憬耀) 기증

164
H2342d

갑발·받침붙은 흑자 대접
黑瓷碗帶匣鉢·墊餠
Black-glazed Bowl
Adhered to Saggar and Round Bisque Setter

p.111

송
현재높이7.2, 현재길이7.1, 현재너비13.2
진경요(陳憬耀) 기증

165
H2343d

갑발·받침붙은 흑자 토끼털무늬 대접
黑瓷兎毫紋碗帶匣鉢·墊餠
Black-glazed Bowl with Rabbit Hair Streak Design
Adhered to Saggar and Round Bisque Setter

p.108

남송
현재높이7.0, 현재길이6.9, 현재너비12.4
진경요(陳憬耀) 기증

166
H2344d

갑발·받침붙은 흑자 토끼털무늬 대접
黑瓷兎毫紋碗帶匣鉢·墊餠
Black-glazed Bowls with Rabbit Hair Streak Design
Adhered to Saggar and Round Bisque Setter

p.109

남송
2-1: 현재높이7.0, 현재길이7.0, 현재너비12.3
2-2: 현재높이5.7, 현재길이5.9, 현재너비11.7
진경요(陳憬耀) 기증

167
H2345d

갑발붙은 흑자 토끼털무늬 대접
黑瓷兎毫紋碗帶匣鉢
Black-glazed Bowls with Rabbit Hair Streak Design
Adhered to Saggar

p.112

송
2-1: 현재높이6.4, 바닥지름3.4, 현재너비12.5
2-2: 현재높이5.9, 바닥지름3.7, 현재너비11.2
진경요(陳憬耀) 기증

168
H2346d

받침붙은 흑자 토끼털무늬 대접
黑瓷兎毫紋碗帶墊餠
Black-glazed Bowls with Rabbit Hair Streak Design
Adhered to Round Bisque Setter

p.112

남송
2-1: 현재높이7.2, 현재길이10.4, 현재너비10.7
2-2: 현재높이6.0, 현재길이8.3, 현재너비9.5
진경요(陳憬耀) 기증

169
H2347d

갑발·받침붙은 흑자 토끼털무늬 대접

黑瓷兎毫紋碗帶匣鉢·墊餠
Black-glazed Bowls with Rabbit Hair Streak Design Adhered to Saggar and Round Bisque Setter

송
2-1: 현재높이 7.7, 바닥지름 4.4, 현재너비 10.9
2-2: 현재높이 7.3, 현재길이 8.5, 현재너비 10.1
진경요(陳憬耀) 기증

p.109

170
H2348d

갑발·받침붙은 흑자 토끼털무늬 대접

黑瓷兎毫紋碗帶匣鉢·墊餠
Black-glazed Bowls with Rabbit Hair Streak Design Adhered to Saggar and Round Bisque Setter

남송
2-1: 현재높이 7.2, 현재길이 12.7, 현재너비 13.1
2-2: 현재높이 6.3, 바닥지름 3.7, 현재너비 12.1
진경요(陳憬耀) 기증

p.110

171
H2349d

갑발·받침붙은 흑자 토끼털무늬 잔·대접

黑瓷兎毫紋盞·碗帶匣鉢·墊餠
Black-glazed Cups and Bowls with Rabbit Hair Streak Design Adhered to Saggar and Round Bisque Setter

송
5-1: 현재높이 4.3, 현재길이 8.9, 현재너비 9.1
5-5: 현재높이 5.0, 현재길이 8.9, 현재너비 9.6
진경요(陳憬耀) 기증

p.110

172
H2350d

받침붙은 흑자 토끼털무늬 대접

黑瓷兎毫紋碗帶墊餠
Black-glazed Bowls with Rabbit Hair Streak Design Adhered to Round Bisque Setter

남송
5-1: 현재높이 4.6, 현재길이 8.2, 현재너비 10.1
5-5: 현재길이 8.6, 현재너비 7.5
진경요(陳憬耀) 기증

p.113

173
H2412d

큰 칼

大刀
Long Sword

길이 87.0, 너비 8.0, 두께 2.5
이상윤 기증

p.216

174
H2413d

굽다리 긴 목 항아리

臺附長頸壺
Mounted Jar with Long Neck

신라
높이 19.7, 입지름 13.4, 바닥지름 12.6, 최대지름 14.0
이재열 기증

p.10

175
H2414d

도기 항아리

陶器壺
Earthenware Jar

고려
높이 18.4, 입지름 10.7, 바닥지름 10.8, 최대지름 18.6
이재열 기증

p.65

176
H2415d

짧은 목 항아리

短頸壺
Short-necked Jar

백제
높이 12.3, 입지름 11.3, 바닥지름 7.7, 최대지름 16.0
이재열 기증

p.18

177
H2416d

짧은 목 항아리

短頸壺
Short-necked Jar

신라
높이 15.0, 입지름 10.7, 바닥지름 7.0, 최대지름 16.4
이재열 기증

p.18

178
H2417d

짧은 목 항아리

短頸壺
Short-necked Jar

신라
높이 13.4, 입지름 9.7, 최대지름 15.4
이재열 기증

p.19

179
H2418d

짧은 목 항아리

短頸壺
Short-necked Jar

백제
높이 11.2, 입지름 12.1, 바닥지름 7.4, 최대지름 13.0
이재열 기증

p.19

180
H2419d

짧은 목 항아리

短頸壺
Short-necked Jar

백제
높이 11.8, 입지름 12.5, 바닥지름 6.5, 최대지름 14.5
이재열 기증

p.20

181
H2420d

뚜껑 있는 굽다리 접시

有蓋高杯
Mounted Dish with Lid

백제
전체높이 10.6
접시: 높이 7.7, 입지름 11.2, 바닥지름 8.9
뚜껑: 높이 3.8, 지름 13.1
이재열 기증

p.38

182
H2421d

뚜껑 있는 굽다리 접시

有蓋高杯
Mounted Dish with Lid

신라
전체높이 9.2
접시: 높이 5.0, 입지름 10.3, 바닥지름 6.3
뚜껑: 높이 4.5, 지름 11.9
이재열 기증

p.39

183
H2422d

뚜껑 있는 굽다리 접시
有蓋高杯
Mounted Dish with Lid
p.39
백제
전체높이 8.7
접시: 높이 4.6, 입지름 9.9, 바닥지름 8.0
뚜껑: 높이 4.9, 지름 10.9
이재열 기증

184
H2423d

짧은 목 항아리
短頸壺
Short-necked Jar
p.20
백제
높이 8.3, 입지름 10.3, 바닥지름 7.5, 최대지름 12.5
이재열 기증

185
H2424d

짧은 목 항아리
短頸壺
Short-necked Jar
p.21
백제
높이 14.1, 입지름 10.6, 바닥지름 7.0, 최대지름 16.9
이재열 기증

186
H2425d

긴 목 항아리
長頸壺
Long-necked Jar
p.11
백제
높이 18.0, 입지름 12.2, 최대지름 18.3
이재열 기증

187
H2426d

짧은 목 항아리
短頸壺
Short-necked Jar
p.21
백제
높이 14.6, 입지름 10.8, 바닥지름 7.2, 최대지름 15.3
이재열 기증

188
H2427d

짧은 목 항아리
短頸壺
Short-necked Jar
p.22
백제
높이 16.6, 입지름 10.3, 최대지름 16.5
이재열 기증

189
H2428d

짧은 목 항아리
短頸壺
Short-necked Jar
p.22
가야
높이 15.0, 입지름 11.9, 최대지름 18.1
이재열 기증

190
H2429d

짧은 목 항아리
短頸壺
Short-necked Jar
p.23
백제
높이 13.6, 입지름 11.8, 바닥지름 7.5, 최대지름 16.2
이재열 기증

191
H2430d

도기 항아리
陶器壺
Earthenware Jar
p.65
고려
높이 15.1, 입지름 10.3, 바닥지름 10.0, 최대지름 16.5
이재열 기증

192
H2431d

긴 목 항아리
長頸壺
Long-necked Jar
p.12
가야
높이 18.0, 입지름 12.6, 바닥지름 4.6, 최대지름 16.9
이재열 기증

193
H2432d

긴 목 항아리
長頸壺
Long-necked Jar
p.12
삼국
높이 20.1, 입지름 16.3, 바닥지름 8.1, 최대지름 19.4
이재열 기증

194
H2433d

짧은 목 항아리
短頸壺
Short-necked Jar
p.23
신라
높이 14.3, 입지름 11.6, 바닥지름 6.9, 최대지름 16.4
이재열 기증

195
H2434d

손잡이 달린 항아리
把手附壺
Jar with Two Handles
p.38
신라
높이 23.0, 입지름 28.1, 너비 34.8, 바닥지름 15.6
이재열 기증

196
H2435d

뚜껑 있는 굽다리 항아리
有蓋臺附壺
Mounted Jar with Lid
p.8
가야
전체높이 30.0
항아리: 높이 25.0, 입지름 10.3, 바닥지름 14.4, 최대지름 21.8
뚜껑: 높이 6.4 , 지름 12.3
이재열 기증

197
H2436d
그릇받침
器臺
Stand
가야
높이 10.2, 입지름 16.4, 바닥지름 16.8
이재열 기증
p.59

198
H2437d
짧은 목 항아리
短頸壺
Short-necked Jar
가야
높이 14.7, 입지름 10.9, 바닥지름 14.9, 최대지름 18.1
이재열 기증
p.24

199
H2438d
긴 목 항아리
長頸壺
Long-necked Jar
신라
높이 23.3, 입지름 16.3, 바닥지름 11.5, 최대지름 23.0
이재열 기증
p.13

200
H2439d
뚜껑 있는 손잡이 달린 항아리
有蓋把手附壺
Jar with Handle and Lid
가야
전체높이 17.8
항아리: 높이 14.8, 입지름 10.3, 너비 19.2, 바닥지름 9.0
뚜껑: 높이 4.3, 지름 13.4
이재열 기증
p.36

201
H2440d
뚜껑
蓋
Lid
가야
높이 6.0, 지름 16.2
이재열 기증
p.48

202
H2441d
뚜껑
蓋
Lid
가야
높이 7.0, 지름 12.7
이재열 기증
p.48

203
H2442d
뚜껑
蓋
Lid
신라
높이 6.2, 지름 11.9
이재열 기증
p.49

204
H2443d
뚜껑
蓋
Lid
신라
높이 7.1, 지름 12.0
이재열 기증
p.49

205
H2444d
뚜껑
蓋
Lid
신라
높이 5.8, 지름 12.8
이재열 기증
p.50

206
H2445d
뚜껑
蓋
Lid
신라
높이 7.2, 지름 13.6
이재열 기증
p.50

207
H2446d
접시
杯
Dish
백제
높이 4.0, 입지름 11.8, 바닥지름 5.6, 최대지름 13.0
이재열 기증
p.44

208
H2447d
접시
杯
Dish
신라
높이 2.6, 입지름 10.6, 바닥지름 7.0
이재열 기증
p.45

209
H2448d
접시
杯
Dish
신라
높이 3.4, 입지름 8.1, 최대지름 9.6
이재열 기증
p.45

210
H2449d
뚜껑 있는 굽다리 항아리
有蓋臺附壺
Mounted Jar with Lid
신라
전체높이 21.4,
항아리: 높이 16.5, 입지름 8.9, 바닥지름 11.1, 최대지름 16.5
뚜껑: 높이 4.6, 지름 9.9
이재열 기증
p.8

211
H2450d
뚜껑 있는 굽다리 접시
有蓋高杯
Mounted Dish with Lid
p.40
가야
전체높이 20.1
접시: 높이 14.1, 입지름 11.1, 바닥지름 14.0, 최대지름 17.0
뚜껑: 높이 6.4, 지름 14.1
이재열 기증

212
H2451d
굽다리 접시
高杯
Mounted Dish
p.42
신라
높이 10.0, 입지름 10.7, 바닥지름 7.3, 최대지름 11.2
이재열 기증

213
H2452d
뚜껑
蓋
Lid
p.51
신라
높이 5.3, 지름 13.5
이재열 기증

214
H2453d
뚜껑 있는 굽다리 항아리
有蓋臺附壺
Mounted Jar with Lid
p.9
신라
전체높이 15.1
항아리: 높이 12.8, 입지름 7.5, 바닥지름 11.2, 최대지름 15.4
뚜껑: 높이 3.2, 지름 8.7
이재열 기증

215
H2454d
합
盒
Bowl with Lid
p.64
통일신라
전체높이 11.6
합: 높이 6.7, 입지름 13.4, 바닥지름 7.4
뚜껑: 높이 5.5, 지름 14.4
이재열 기증

216
H2455d
뚜껑
蓋
Lid
p.51
신라
높이 6.5, 지름 12.5
이재열 기증

217
H2456d
뚜껑
蓋
Lid
p.52
가야
높이 5.2, 지름 11.1
이재열 기증

218
H2457d
뚜껑
蓋
Lid
p.52
가야
높이 5.3, 지름 11.3
이재열 기증

219
H2458d
뚜껑
蓋
Lid
p.53
가야
높이 4.7, 지름 15.5
이재열 기증

220
H2459d
뚜껑
蓋
Lid
p.53
가야
높이 4.8, 지름 12.4
이재열 기증

221
H2460d
뚜껑 있는 굽다리 항아리
有蓋臺附壺
Mounted Jar with Lid
p.9
신라
전체높이 13.8
항아리: 높이 10.9, 입지름 8.7, 바닥지름 10.0, 최대지름 12.9
뚜껑: 높이 2.9, 지름 9.1
이재열 기증

222
H2461d
굽다리 접시
高杯
Mounted Dish
p.42
가야
높이 11.2, 입지름 12.9, 바닥지름 9.7
이재열 기증

223
H2462d
뚜껑
蓋
Lid
p.54
신라
높이 10.9, 지름 15.8
이재열 기증

224
H2463d
뚜껑
蓋
Lid
p.54
신라
높이 7.8, 지름 14.2
이재열 기증

225
H2464d
뚜껑
蓋
Lid
신라
높이 5.8, 지름 12.3
이재열 기증
p.55

226
H2465d
긴 목 항아리
長頸壺
Long-necked Jar
가야
높이 18.0, 입지름 9.6, 최대지름 14.2
이재열 기증
p.13

227
H2466d
도기 항아리
陶器壺
Earthenware Jar
조선
높이 12.9, 입지름 11.3, 바닥지름 11.4, 최대지름 17.1
이재열 기증
p.66

228
H2467d
도기 병
陶器甁
Earthenware Bottle
고려
높이 25.4, 입지름 8.0, 바닥지름 9.7, 최대지름 13.5
이재열 기증
p.69

229
H2468d
짧은 목 항아리
短頸壺
Short-necked Jar
삼국
높이 22.1, 입지름 14.9, 바닥지름 12.1, 최대지름 23.8
이재열 기증
p.24

230
H2469d
긴 몸 항아리
長胴壺
Long Bodied Jar
백제
높이 35.4, 입지름 14.5, 바닥지름 8.3, 최대지름 24.7
이재열 기증
p.34

231
H2470d
짧은 목 항아리
短頸壺
Short-necked Jar
원삼국-백제
높이 33.7, 입지름 17.0, 바닥지름 10.0, 최대지름 35.0
이재열 기증
p.25

232
H2471d
짧은 목 항아리
短頸壺
Short-necked Jar
원삼국-백제
높이 29.6, 입지름 18.8, 최대지름 35.2
이재열 기증
p.25

233
H2472d
짧은 목 항아리
短頸壺
Short-necked Jar
백제
높이 28.9, 입지름 18.3, 바닥지름 11.7, 최대지름 30.7
이재열 기증
p.26

234
H2473d
짧은 목 항아리
短頸壺
Short-necked Jar
원삼국-백제
높이 26.0, 입지름 19.7, 최대지름 29.0
이재열 기증
p.26

235
H2474d
뚜껑 있는 굽다리 접시
有蓋高杯
Mounted Dish with Lid
신라
전체높이 21.7
접시: 높이 16.1, 입지름 14.3, 바닥지름 12.3, 최대지름 16.4
뚜껑: 높이 6.2, 지름 16.7
이재열 기증
p.40

236
H2475d
굽다리 접시
高杯
Mounted Dish
가야
높이 17.5, 입지름 12.5, 바닥지름 16.0, 최대지름 17.2
이재열 기증
p.43

237
H2476d
뚜껑
蓋
Lid
가야
높이 6.8, 지름 15.0
이재열 기증
p.55

238
H2477d
굽다리 접시·뚜껑
高杯·蓋
Mounted Dish and Lid
접시: 신라
뚜껑: 가야
접시: 높이 14.3, 입지름 13.9, 바닥지름 10.7, 최대지름 15.8
뚜껑: 높이 8.8, 지름 15.8
이재열 기증
p.41

239
H2478d
짧은 목 항아리
短頸壺
Short-necked Jar
백제
높이 27.9, 입지름 18.1, 최대지름 27.5
이재열 기증
p.27

240
H2479d
짧은 목 항아리
短頸壺
Short-necked Jar
백제
높이 29.6, 입지름 18.3, 바닥지름 8.0, 최대지름 27.2
이재열 기증
p.27

241
H2480d
짧은 목 항아리
短頸壺
Short-necked Jar
백제
높이 28.2, 입지름 16.8, 최대지름 26.9
이재열 기증
p.28

242
H2481d
짧은 목 항아리
短頸壺
Short-necked Jar
백제
높이 25.3, 입지름 18.5, 바닥지름 7.8, 최대지름 27.4
이재열 기증
p.28

243
H2482d
곧은 입 항아리
直口壺
Straight-mouthed Jar
백제
높이 23.6, 입지름 11.7, 바닥지름 9.7, 최대지름 22.9
이재열 기증
p.33

244
H2483d
짧은 목 항아리
短頸壺
Short-necked Jar
백제
높이 25.3, 입지름 17.3, 최대지름 26.0
이재열 기증
p.29

245
H2484d
짧은 목 항아리
短頸壺
Short-necked Jar
삼국
높이 23.3, 입지름 16.9, 최대지름 27.8
이재열 기증
p.29

246
H2485d
짧은 목 항아리
短頸壺
Short-necked Jar
백제
높이 26.3, 입지름 13.5, 바닥지름 8.6, 최대지름 19.9
이재열 기증
p.30

247
H2486d
굽다리 사발
臺附盌
Mounted Bowl
신라
높이 12.4, 입지름 18.0, 바닥지름 10.2
이재열 기증
p.63

248
H2487d
접시
杯
Dish
백제
높이 3.3, 입지름 9.5, 바닥지름 4.0, 최대지름 11.3
이재열 기증
p.46

249
H2488d
접시
杯
Dish
백제
높이 2.3, 입지름 9.4, 바닥지름 4.0, 최대지름 10.1
이재열 기증
p.46

250
H2489d
접시
杯
Dish
신라
높이 3.8, 입지름 10.5, 바닥지름 5.2
이재열 기증
p.47

251
H2490d
뚜껑
蓋
Lid
가야
높이 7.2, 지름 13.5
이재열 기증
p.56

252
H2491d
뚜껑
蓋
Lid
가야
높이 3.6, 지름 15.6
이재열 기증
p.56

253
H2492d
뚜껑
蓋
Lid
신라
높이 6.3, 지름 13.5
이재열 기증
p.57

254
H2493d
짧은 목 항아리
短頸壺
Short-necked Jar
백제
높이 27.2, 입지름 16.9, 바닥지름 12.3, 최대지름 25.2
이재열 기증
p.30

255
H2494d
긴 몸 항아리
長胴壺
Long-Bodied Jar
백제
높이 40.3, 입지름 18.0, 최대지름 29.6
이재열 기증
p.34

256
H2495d
긴 몸 항아리
長胴壺
Long-Bodied Jar
백제
높이 43.2, 입지름 17.4, 바닥지름 7.8, 최대지름 26.6
이재열 기증
p.35

257
H2496d
짧은 목 항아리
短頸壺
Short-necked Jar
백제
높이 35.3, 입지름 17.7, 바닥지름 9.4, 최대지름 29.3
이재열 기증
p.31

258
H2497d
짧은 목 항아리
短頸壺
Short-necked Jar
백제
높이 29.8, 입지름 20.2, 바닥지름 10.3, 최대지름 26.2
이재열 기증
p.31

259
H2498d
긴 목 항아리
長頸壺
Long-necked Jar
신라
높이 30.8, 입지름 14.2, 바닥지름 10.1, 최대지름 27.3
이재열 기증
p.14

260
H2499d
긴 목 항아리
長頸壺
Long-necked Jar
신라
높이 28.4, 입지름 17.9, 바닥지름 12.2, 최대지름 22.9
이재열 기증
p.14

261
H2500d
그릇받침
器臺
Stand
가야
높이 22.3, 입지름 25.6, 바닥지름 18.4
이재열 기증
p.60

262
H2501d
그릇받침
器臺
Stand
가야
높이 20.8, 입지름 21.0, 바닥지름 18.0
이재열 기증
p.60

263
H2502d
두 귀 달린 항아리
兩耳附壺
Jar with Two Ears
백제
높이 22.1, 입지름 12.3, 바닥지름 4.5, 최대지름 26.5
이재열 기증
p.35

264
H2503d
두 귀 달린 항아리
兩耳附壺
Jar with Two Ears
백제
높이 26.3, 입지름 9.1, 바닥지름 7.5, 최대지름 30.4
이재열 기증
p.36

265
H2504d
긴 목 항아리
長頸壺
Long-necked Jar
백제
높이 25.2, 입지름 12.8, 바닥지름 7.5, 최대지름 21.3
이재열 기증
p.15

266
H2505d
짧은 목 항아리
短頸壺
Short-necked Jar
백제
높이 22.4, 입지름 13.4, 바닥지름 7.2, 최대지름 20.5
이재열 기증
p.32

267
H2506d
긴 목 항아리
長頸壺
Long-necked Jar
신라
높이 23.9, 입지름 14.9, 바닥지름 10.1, 최대지름 22.8
이재열 기증
p.15

268
H2507d
긴 목 항아리
長頸壺
Long-necked Jar
백제
높이 23.4, 입지름 16.2, 최대지름 21.1
이재열 기증
p.16

269
H2508d
그릇받침
器臺
Stand
가야
높이 10.8, 입지름 17.8, 바닥지름 18.5
이재열 기증
p.61

270
H2509d
긴 목 항아리
長頸壺
Long-necked Jar
가야
높이 31.2, 입지름 17.3, 바닥지름 8.2, 최대지름 19.4
이재열 기증
p.16

271
H2510d
손잡이 달린 항아리
把手附壺
Jar with Handle
가야
높이 14.4, 입지름 11.8, 너비 17.2, 바닥지름 10.0
이재열 기증
p.37

272
H2511d
뚜껑
蓋
Lid
가야
높이 4.8, 지름 14.0
이재열 기증
p.57

273
H2512d
뚜껑 있는 손잡이 달린 항아리
有蓋把手附壺
Jar with Handle and Lid
가야
전체높이 19.0
항아리: 높이 14.4, 입지름 11.8, 너비 17.2, 바닥지름 10.0
뚜껑: 높이 4.7, 지름 14.4
이재열 기증
p.37

274
H2513d
굽다리 긴 목 항아리
臺附長頸壺
Mounted Jar with Long Neck
신라
높이 14.4, 입지름 11.8, 바닥지름 10.0, 최대지름 17.2
이재열 기증
p.10

275
H2514d
뚜껑
蓋
Lid
신라
높이 5.5, 지름 12.5
이재열 기증
p.58

276
H2515d
뚜껑 있는 굽다리 접시
有蓋高杯
Mounted Dish with Lid
가야
전체높이 18.6
접시: 높이 14.1, 입지름 12.9, 바닥지름 12.1, 최대지름 16.0
뚜껑: 높이 5.8, 지름 14.6
이재열 기증
p.41

277
H2516d
짧은 목 항아리
短頸壺
Short-necked Jar
신라
높이 14.4, 입지름 12.2, 바닥지름 8.0, 최대지름 17.1
이재열 기증
p.32

278
H2517d
긴 목 항아리
長頸壺
Long-necked Jar
신라
높이 17.2, 입지름 13.6, 최대지름 17.0
이재열 기증
p.17

279
H2518d
굽다리 짧은 목 항아리
臺附短頸壺
Mounted Jar with Short Neck
가야
높이 20.5, 입지름 14.6, 바닥지름 18.0, 최대지름 18.9
이재열 기증
p.11

280
H2519d
그릇받침
器臺
Stand
백제
높이 36.4, 입지름 20.0, 바닥지름 27.3
이재열 기증
p.61

281
H2520d
짧은 목 항아리
短頸壺
Short-necked Jar
백제
높이 16.8, 입지름 15.0, 바닥지름 9.5, 최대지름 23.0
이재열 기증
p.33

282
H2521d
굽다리 접시
高杯
Mounted Dish
신라
높이 5.1, 입지름 10.7, 바닥지름 7.6, 최대지름 12.1
이재열 기증
p.43

283
H2522d
사발
盌
Bowl
삼국
높이 5.7, 입지름 13.4, 바닥지름 5.4
이재열 기증
p.63

284
H2523d
접시
杯
Dish
가야
높이 2.6, 입지름 12.3, 바닥지름 6.3, 최대지름 13.6
이재열 기증
p.47

285
H2524d
그릇받침
器臺
Stand
가야
높이 37.8, 입지름 39.6, 바닥지름 30.5
이재열 기증
p.62

286
H2525d
두 귀 달린 긴 목 항아리
兩耳附長頸壺
Long-necked Jar with Two Ears
신라
높이 28.6, 입지름 18.1, 너비 28.5, 바닥지름 10.5, 최대지름 22.4
이재열 기증
p.17

287
H2526d
굽다리 접시
高杯
Mounted Dish
가야
높이 13.4, 입지름 14.1, 바닥지름 12.5, 최대지름 16.0
이재열 기증
p.44

288
H2527d
뚜껑
蓋
Lid
가야
높이 4.6, 지름 16.2
이재열 기증
p.58

289
H2528d
도기 병
陶器瓶
Earthenware Bottle
조선
높이 18.4, 입지름 6.4, 바닥지름 14.7, 최대지름 20.7
이재열 기증
p.69

290
H2529d
병
甁
Bottle
백제
높이 18.8, 입지름 8.0, 바닥지름 9.5, 최대지름 16.3
이재열 기증
p.62

291
H2530d
뚜껑
蓋
Lid
신라
높이 5.8, 지름 13.3
이재열 기증
p.59

292
H2531d
박자
拍子
Anvil
원삼국
높이 6.3, 지름 8.0
이재열 기증
p.64

293
H2532d
도기 편호
陶器扁壺
Earthenware Flat Jar
고려
높이 33.5, 입지름 14.3, 바닥지름 17.5, 최대지름 27.9
이재열 기증
p.68

294
H2533d
도기 편병
陶器扁甁
Earthenware Flat Bottle
고려
높이 31.9, 입지름 9.3, 바닥지름 11.9, 최대지름 19.3
이재열 기증
p.75

295
H2534d
도기 병
陶器甁
Earthenware Bottle
고려
높이 30.6, 입지름 6.9, 바닥지름 11.2, 최대지름 14.3
이재열 기증
p.70

296
H2535d
도기 항아리
陶器壺
Earthenware Jar
고려
높이 21.6, 입지름 10.7, 바닥지름 14.1, 최대지름 15.4
이재열 기증
p.66

297
H2536d
도기 병
陶器甁
Earthenware Bottle
고려
높이 28.2, 입지름 6.9, 바닥지름 10.6, 최대지름 17.7
이재열 기증
p.70

298
H2537d
갈유 주전자
褐釉注子
Black-glazed Ewer
송
높이 22.3, 입지름 3.6, 너비 13.2, 바닥지름 9.1
이재열 기증
p.78

299
H2538d
도기 손잡이 달린 항아리
陶器把手附壺
Earthenware Jar with Two Handles
조선
높이 18.7, 입지름 11.9, 너비 29.5, 바닥지름 18.5
이재열 기증
p.68

300
H2539d
도기 항아리
陶器壺
Earthenware Jar
고려-조선
높이 18.0, 입지름 14.3, 바닥지름 14.6, 최대지름 22.0
이재열 기증
p.67

301
H2540d
도기 손잡이 달린 병
陶器把手附甁
Earthenware Bottle with Handle
고려
높이 18.1, 입지름 5.4, 너비 18.2, 바닥지름 8.9
이재열 기증
p.74

302
H2541d
도기 병
陶器甁
Earthenware Bottle
조선
높이 18.5, 입지름 4.9, 바닥지름 15.0, 최대지름 19.5
이재열 기증
p.71

303
H2542d
도기 장군
陶器橫缶
Earthenware Barrel-shaped Vessel
조선
높이 21.1, 입지름 6.2, 바닥지름 10.6, 최대지름 14.3
이재열 기증
p.76

304
H2543d
도기 장군
陶器橫缶
Earthenware Barrel-shaped Vessel
조선
높이 18.6, 입지름 5.4, 바닥지름 13.7, 최대지름 14.5
이재열 기증
p.76

305
H2544d
갈유 세 귀 달린 항아리
褐釉三耳附壺
Black-glazed Jar with Three Ears
원
높이 21.1, 입지름 7.7, 바닥지름 8.5, 최대지름 16.2
이재열 기증
p.77

306
H2545d
도기 병
陶器甁
Earthenware Bottle
조선
높이 23.6, 입지름 6.5, 바닥지름 12.7, 최대지름 15.3
이재열 기증
p.71

307
H2546d
도기 병
陶器甁
Earthenware Bottle
조선
높이 16.3, 입지름 7.2, 바닥지름 13.3, 최대지름 16.9
이재열 기증
p.72

308
H2547d
도기 병
陶器甁
Earthenware Bottle
조선
높이 14.7, 입지름 6.3, 바닥지름 10.4, 최대지름 12.9
이재열 기증
p.72

309
H2548d
도기 병
陶器甁
Earthenware Bottle
고려
높이 23.5, 입지름 7.9, 바닥지름 12.0, 최대지름 14.6
이재열 기증
p.73

310
H2549d
도기 병
陶器甁
Earthenware Bottle
조선
높이 19.2, 입지름 6.5, 바닥지름 14.3, 최대지름 18.3
이재열 기증
p.73

311
H2550d
도기 병
陶器甁
Earthenware Bottle
조선
높이 18.9, 입지름 5.6, 바닥지름 12.8, 최대지름 16.4
이재열 기증
p.74

312
H2551d
도기 두 귀 달린 항아리
陶器兩耳附壺
Earthenware Jar with Two Ears
조선
높이 11.3, 입지름 12.9, 바닥지름 12.0, 최대지름 24.0
이재열 기증
p.67

313
H2552d
도기 발
陶器鉢
Earthenware Bowl
고려
높이 9.7, 입지름 17.9, 바닥지름 12.8, 최대지름 20.3
이재열 기증
p.77

314
H2553d
도기 편병
陶器扁甁
Earthenware Flat Bottle
고려
높이 27.7, 입지름 7.1, 바닥지름 10.0, 최대지름 14.9
이재열 기증
p.75

315
H2554d
백지흑화 향합
白地黑花香盒
White-glazed Incense Box with Black Design
태국 14-15세기
전체높이 9.9
합: 높이 6.7, 입지름 9.4, 바닥지름 6.9, 최대지름 10.8
뚜껑: 높이 3.8, 지름 10.7
최정해 기증
p.195

316
H2555d
백지흑화 향합
白地黑花香盒
White-glazed Incense Box with Black Design
태국 14-15세기
전체높이 4.6
합: 높이 3.0, 입지름 5.5, 바닥지름 2.7, 최대지름 6.4
뚜껑: 높이 2.1, 지름 6.4
최정해 기증
p.195

317
HL13143
청자 꽃모양 입 접시편
青瓷花口盤片
A Piece of Celadon Dish with a Flower-shaped Mouth
송
높이 4.6, 현재너비 11.9
이상윤 기증
p.214

318
HL13144
청자 향로편
青瓷爐片
Pieces of Celadon Incense Burner
송
3-1: 현재길이 10.8, 현재너비 9.1
3-3: 현재길이 7.3, 현재너비 6.2
이상윤 기증
p.214

319
HL13145
청자 향로편
青瓷爐片
Pieces of Celadon Incense Burner
송
4-1: 현재길이 6.5, 현재너비 14.6
4-4: 현재길이 4.8, 현재너비 4.9
이상윤 기증
p.215

320
HL13146
청자편
青瓷片
Pieces of Celadon
송
현재길이 1.3~3.4, 현재너비 2.0~3.9
이상윤 기증
p.215

漢城百濟博物館
所藏品目錄 XIII

2016_2020년 기증유물 寄贈遺物

2016_2020
Donated Collections

발행인
유병하(한성백제박물관장)

발행일
2022년 12월 15일

발행처
한성백제박물관
05540 서울특별시 송파구 위례성대로 71
Tel. 02-3252-5800
https://baekjemuseum.seoul.go.kr

디자인
디자인이끼

인쇄
더프레스(주)

간행물 발간등록번호
51-6113103-000071-10

ISBN
979-11-86012-95-6
979-11-951101-5-5 (세트)